现代商贸研究丛书

丛书主编：郑勇军

副主编：肖 亮 陈宇峰 赵浩兴

教育部人文社科重点研究基地

浙江工商大学现代商贸研究中心

浙江工商大学现代商贸流通体系建设协同创新中心资助

商贸设施投资规划与方法

郑红岗 著

中国财经出版传媒集团

经济科学出版社
Economic Science Press

图书在版编目（CIP）数据

商贸设施投资规划与方法/郑红岗著．—北京：经济科学出版社，2019.9

（现代商贸研究丛书）

ISBN 978－7－5218－0974－9

Ⅰ.①商…　Ⅱ.①郑…　Ⅲ.①贸易－设施－投资－研究－中国　Ⅳ.①F72

中国版本图书馆 CIP 数据核字（2019）第 200761 号

责任编辑：李一心
责任校对：杨晓莹
责任印制：李　鹏

商贸设施投资规划与方法
郑红岗　著
经济科学出版社出版、发行　新华书店经销
社址：北京市海淀区阜成路甲 28 号　邮编：100142
总编部电话：010－88191217　发行部电话：010－88191522
网址：www.esp.com.cn
电子邮件：esp@esp.com.cn
天猫网店：经济科学出版社旗舰店
网址：http://jjkxcbs.tmall.com
北京季蜂印刷有限公司印装
710×1000　16 开　12 印张　200000 字
2019 年 9 月第 1 版　2019 年 9 月第 1 次印刷
ISBN 978－7－5218－0974－9　定价：45.00 元
（图书出现印装问题，本社负责调换。电话：010－88191510）

总　　序

随着经济全球化和信息化的快速推进，全球市场环境发生了深刻的变化。产能的全球性过剩和市场竞争日趋激烈，世界经济出现了“制造商品相对容易，销售商品相对较难”的买方市场现象。这标志着世界经济发展开始进入销售网络为王的时代，世界产业控制权从制造环境向流通环境转移，商品增加值在产业链上的分布格局正在发生重大变化，即制造环节创造的增加值持续下降，而处在制造环节两端——商品流通和研发环节所创造的增加值却不断地增加。流通业作为国民经济支柱产业和先导产业，已成为一国或一个地区产业竞争力的核心组成部分。在全球化和信息化推动下的新一轮流通革命，引领着经济社会的创新，推动着财富的增长，正在广泛而深刻地改变着世界经济的面貌。

世界经济如此，作为第二大经济体和全球经济增长“火车头”的中国更是如此。正处在经济发展方式转变和产业升级转型的关键时期和艰难时期的中国迫切需要一场流通革命。

在 20 世纪 90 年代中后期，中国已从卖方市场时代进入买方市场时代。正如一江春水向东流一样，卖方时代一去不复返。买方市场时代的到来正在重塑服务业与制造业的关系，以制造环节为核心的经济体系趋向分崩瓦解，一种以服务业为核心的新经济体系正在孕育和成长。在这一经济转型的初期，作为服务业主力军的流通产业注定被委以重任，对中国经济发展特别是经济发展方式转变、产业升级转型以及内需主导型经济增长发挥关键性的作用。

中国经济的国际竞争优势巩固需要一场流通革命。随着中国经济发展进入工业化中期、沿海发达地区进入工业化中后期，制造业服务化将是大势所趋，未来产业国际竞争的主战场不在制造环节，而是在流通环节和研发设计。谁占领了流通中心和研发中心的地位，谁就拥有产业控制权和产业链中的高附加值环节的地位。改革开放以来，我国制造业发展取得了举世瞩目的成就，在国际竞争中表现出拥有较强的价格竞争优势和规模优势，但流通现代化和国际化明显滞后于制造业，物流成本和商务成本过高已严重制约我国产品价格的国际竞争优势。随着我国土地、工资和环保等成本上升，制造成本呈现出刚性甚至持续上升的趋势已是大势所趋。如何通过提高流通效率和降低流通成本，继续维持我国产品国际竞争的价格优势，将会成为我国提升国家竞争优势的重大的战略选择。

中国发展方式转变和产业升级需要一场流通革命。中国经济能否冲出“拉美式的中等收入陷阱”继续高歌前行，能否走出低端制造泥潭踏上可持续发展的康庄大道，能否激活内需摆脱过度依赖投资和出口的困局，关键取决于能够通过一场流通革命建立一套高效、具有国际竞争力的现代流通体系，把品牌和销售网络紧紧地掌控在中国人手中，让中国产品在国内外市场中交易成本更低，渠道更畅，附加值更高。

中国社会和谐稳定需要一场流通革命。流通不仅能够吸纳大量的就业人口，还事关生活必需品供应稳定、质量安全等重大民生问题。目前，最令老百姓忍无可忍的莫过于食品安全问题。中国市场之所以乱象丛生，与中国流通体系的组织化程度低、业态层次低、经营管理低效和竞争秩序混乱不无关系。中国迫切需要一场流通革命重塑流通体系。

令人遗憾的是，尽管流通业作为国民经济支柱产业和先导产业的地位将会越来越突出，但中国学术界和政府界却依然以老思维看待流通，几千年来忽视流通、轻视流通的“老传统”依然弥漫在中国的各个角落。改革开放以来我国形成了重工业轻流通、重外贸轻内贸的现象没有得到明显改观。

中国需要一场流通革命，理论界需要走在这场革命的前列。这就是我们组织出版这套丛书的缘由。

浙江工商大学现代商贸研究中心（以下简称中心）正式成立于2004年9月，同年11月获准成为教育部人文社会科学重点研究基地，是我国高校中唯一的研究商贸流通的人文社科重点研究基地。中心成立7年以来，紧紧围绕将中心建设成为国内一流的现代商贸科研基地、学术交流基地、信息资料基地、人才培养基地、咨询服务基地这一总体目标，开展了一系列卓有成效的工作。目前，中心设有“五所一中心”即流通理论与政策研究所、流通现代化研究所、电子商务与现代物流研究所、国际贸易研究所、区域金融与现代商贸业研究所和鲍莫尔创新研究中心。中心拥有校内专兼职研究员55人，其中50人具有高级技术职称。

中心成立7年以来，在流通产业运行机理与规制政策、专业市场制度与流通现代化、商贸统计与价格指数、零售企业电子商务平台建设与信息化管理等研究方向上取得了丰硕的科研成果，走在了全国前列。在最近一次教育部组织的基地评估中，中心评估成绩位列全国16个省部共建人文社会科学重点研究基地第一名。

我们衷心希望由浙江工商大学现代商贸研究中心组织出版的现代商贸研究丛书，能够起到交流流通研究信息、创新流通理论的作用，为我国流通理论发展尽一份绵薄之力。

郑勇军

浙江工商大学现代商贸研究中心主任

2011年12月6日

前　言

当前，消费对我国经济社会发展的基础性和先导性作用愈发凸显，人们对美好生活的追求，为城市化进程和商贸设施创新注入强大动力，商贸设施的更新始终在城市有机更新过程中充当着排头兵角色。随着时代的发展，消费需求和消费模式不断加速变化，如何通过科学的商贸设施规划，实现引领城市更新、促进产业升级、实现消费带动、提高居民幸福感，已成为摆在商贸设施投资规划面前的重要议题。

改革开放40多年来，无论商贸设施的规模、数量，还是品质、管理水平等方面，国内商业的“软硬实力”都在不断增强，已经形成商品交易市场、百货店、超市、仓储店、便利店、购物中心、城市综合体等多形式商贸设施并进，多业态协同，多模式并驾齐驱的发展格局。然而，也必须认识到，我国商贸设施起步较晚，小、散、弱现象依然突出，大量低效设施依然存在，专业化水平不高，设施规划失误、过度投资、同质化竞争、管理水平低下的现象依然突出，城乡差异依然巨大，不同地区之间的不均衡、不充分、不协调依然明显。这对从事商贸设施规划、投资、建设、运营和管理的地方政府、企业和广大从业者而言，既是机遇，也是挑战。

事实上，无论理论界还是实践界都在一定程度上存在将商贸设施简单化处理的误区，以至于很多非专业从业者和投资者将商贸设施与一般房地产项目相混淆，将商贸设施的投资分析与一般地产项目的投资分析相混淆。尤其是近年来，商业地产投资规模呈井喷式爆发，很多非专业商业地产开发商纷纷涌入商贸设施的投资建设领域，一些未经科学分析和规划的项目草草上马，包括城市综合体、购物中心、商业街、商品交易市场、产业园区、文旅小镇等，造成设施低端化、同质化、非专业化现象严重，这不仅严重损害了项目投资者的利益，而且为城市有机更新埋下隐患，产生了不可逆转的影响。

综合来看，当前的商贸设施投资和运营过程中，主要存在以下几方面误区：一是投资理念不专业。大量从事商业地产开发的投资者缺乏对商业的知识储备，对商业发展不够了解，存在“拍脑袋”“凭感觉”的随意性，缺乏从科学、专业的理论角度进行投资分析的知识能力，产生了大量投资失误。

二是设施定位不专业。一个商贸设施的功能定位是其灵魂，但大量项目的定位存在很大的盲目性，没有定位或不知如何定位，“生搬硬抄”“东施效颦”现象严重。

三是分析方法不专业。商贸设施往往具有投资金额大、回报周期长、投资风险高的特点，由于缺乏对商贸设施的专业性了解，大量投资者都存在“大干快上”“贪大图洋”的盲目性。

四是运营管理不专业。国内商业地产领域的专业人才严重缺位，尤其是专门的商贸设施运营管理人才更是极其缺乏，这与现代商业创新发展的人才需求严重不符。

本书旨在通过理论与实践相结合的阐述，对商贸设施的投资、建设、运营等方面进行系统性梳理，帮助提高项目投资效益，降低投资风险，促进城市商业升级，帮助已处于经营困境中的商贸设施，发现项目问题，寻找创新途径和解决方法。

在内容上，本书将宏观城市规划理论与微观商业分析技术相结合，重点围绕商业投资、规划两条主线：投资收益的获取和投资风险的规避，力图建立从投资到运营较为完整的知识体系和科学分析方法，全书共分为五章：

第一章重点介绍了国内外商贸设施投资的现状，站在新时代的舞台上，共同审视商贸设施发展与国民经济和城市发展的关系，并对当前数字经济时代的商贸设施变革与新时代商贸设施升级方向进行简单梳理。

第二章重点从投资理念的角度对商贸设施投资的相关知识进行解读，建立科学的项目投融资理念，掌握相应的商贸设施投融资分析方法，从而为科学的投融资决策和风险管控奠定基础。

第三章重点从科学研究方法的角度，对商贸设施投资分析方法进行系统梳理，帮助读者建立完善的商贸设施投资分析框架，了解并掌握专业投资分析技术，从而为科学的商贸设施定位打下基础。

第四章重点对商贸设施的规划与设计进行分析，厘清规划设施中常见的一些误区，帮助读者建立较为完整的商贸设施规划知识体系，了解并掌握一般商贸设施规划与设计的框架及原则。

第五章为拓展阅读章节，推荐学有余力的读者对经典理论模型进行学习和了解，帮助读者建立更为完善的商业理论分析体系。

在本书完成过程中，得到教育部人文社科重点研究基地浙江工商大学现代商贸研究中心、浙江工商大学现代商贸流通体系建设协同创新中心的资助和大力支持。同时，本书也得到了中国市场学会批发市场发展委员会、浙江省商贸业联合会、浙江省百货购物中心协会、浙江现代商贸发展研究院、宁波太平洋百货集团的大力支持，在此表示衷心感谢。

郑红岗
浙江工商大学
2019 年 6 月 24 日

目录

第一章　商贸设施投资概述

第一节　商贸设施投资基础

一般意义上，商业地产与商贸设施两者之间往往是趋同的，都是指以商业或服务业经营为目的，具有一定商业集聚功能的物业设施，建筑形态上既可以是街区，也可以是独栋或复合体形式，功能上可以是批发、零售、餐饮住宿、娱乐休闲、旅游体验等。显然，商业地产的概念由两个部分共同组成，一是商业，二是地产，并且商业必须处于地产的前面，也就是说商业是本质，地产是外形。从严格意义上，商业是“1”，地产是“0”，决定商业地产价值的是商业，而不是地产，如果没有商业的支撑，商业地产价值趋近于“0”。同时，商业地产与商贸设施也存在显著区别，这种区别主要表现为两者的侧重点不同，前者主要强调土地的商业用途，而后者更强调设施的商业属性；前者的研究分析更加宽泛，更多基于土地和城市结构的角度对商业进行研究，技术手段更趋一般性；而商贸设施由于其不同类型差异巨大，开发模式、融资渠道、经营方式以及物业结构都会对商贸设施产生巨大影响，因此具有很大的单一性，因此其投资分析则更加强调专业性和个性化。

一、商贸设施投资特征

（一）受宏观经济影响大

商贸设施与宏观经济的关系是一个局部与整体的关系，尤其是新建某大型商贸设施时，受宏观经济影响更大。从产业研究视角看，一二三产业均衡发展是国民经济良好发展的基础。随着社会的进步，第三产业对国民经济的作用越来越大，商贸业、物流业、旅游业、餐饮娱乐业已成为宏观经济发展的风向标，起着一定的基础性和先导性作用，而第三产业的良性发展离不开健全的商贸设施支撑。同时，商贸设施投资增长代表了市场对未来商业增长的强烈信心，反之如果商贸设施的投资出现严重衰退，则说明宏观经济的消费动力不足。在社会总供给与总需求相对平衡、通货稳定、结构协调、经济整体运行质量较高时，商贸设施就具备良好的外部环境，在一定时期内将保持健康发展；反之，当经济过热、结构失调，宏观经济总体运行质量较差时，商贸设施的发展会受到极大的制约和阻碍。

（二）专业性要求高

商贸设施的价值在很大程度上取决于项目投资、建设、运营过程中的专业化程度，专业化程度越高，项目选址、定位、建设、招商和运营中取得的投资回报越高，社会效益越大。现代商贸设施已经不单是交易空间，而是集消费、休闲、娱乐、体验、观光、生活于一体的，复合式、全业态、综合型、数字化的商贸载体，其选址、定位、设计、施工、运营管理等各个方面都已经形成较为完善的专业化分工，这就要求投资者必须具备专业化知识储备，特别是对那些非专业商业地产开发商而言，这种专业化价值的体现更直接，也更明显。

（三）长周期、高投资、高风险

商贸设施的规模有大有小，对于小规模商业，开发商通常采取开发销售模式，资金回收主要依靠销售收入，很多还会采取预售制；而大型商贸设施，开发商一般会采取出租运营模式，注重资产的长期良性运营，以收取租金为主。无论是销售型设施还是自持式设施，都需要较大的固定资产投资。而这种固定资产投资受宏观市场、竞争对手变化、技术变革等不确定性因素的影响较大，这就造成商贸设施的投资往往具有较大的不确定性。同时，商贸设施从投资、建设到招商、运营往往持续较长时间，一般都需要 1 ~ 3 年，甚至更长时间，这种长周期也带来较高的项目风险。

（四）竞争性大

商贸设施的竞争往往以淘汰式竞争的形式出现（竞争力强的设施把竞争力弱的设施从市场中淘汰），这不同于其他企业间的市场竞争，而且这种淘汰式竞争的本质，不会因市场规模的扩大而有任何改变。在这一点上，淘汰竞争与过度竞争相似，某一强势的竞争者会尽力把其余大部分的竞争者从市场中排除，淘汰竞争与过度竞争的不同之处是胜者和败者是否显而易见。在过度竞争中，提供同质产品和服务的竞争者相对于需求来说太多了，所以谁会成为败者并不明确，只是每一个竞争者分配到的市场份额都更少了，任何一个竞争者都有可能成为败者。而淘汰竞争中，在同一市场中的竞争者之间，竞争力出现明显的差异，处于劣势的竞争者最终一定会被排除在市场之外，淘汰竞争中的胜者和败者是十分明显的。这也就是说，即便某一区域中商业需求的规模持续保持稳定增长，如果同步扩大商贸设施规模和面积却并不能使每个新增设施分摊市场份额，而是在新老设施之间必然会淘汰一个。

因此，商贸设施的投资是在激烈的淘汰竞争环境下进行的专业性、长周期、高风险的投资决策行为。一般而言在淘汰竞争的环境下，从市场上率先被消灭的一定是小、散、弱的组织，所以小型个体设施的减少和规模型设施的增加是商业发展的一大趋势，当然这都必须建立在满足市场需求的基础上。

二、商贸设施的投资价值

商贸设施是一种具有特殊价值的资产形式，它在拥有土地价值及物业价值的同时，更重要的是拥有作为商业物业的经营价值，能满足买卖双方交易、体验、服务过程的空间载体。显然，生产者和销售者要通过各种商贸设施（有形的或无形的，线上的或线下的）把产品销售给终端消费者，由于市场中一定条件下的信息壁垒或交易壁垒始终存在，消费者对商品的选择往往被局限在一定的时间、空间范围内，各类商贸设施通过帮助生产者和销售者获得自身作为供应链某一节点的价值，进而投资者从中分享到部分合理收益（租金、提成、扣点等形式），而且由于不同商品从生产到消费者不同供应链环节的价值需求千差万别，造成商贸设施的类型也千变万化，可以说包括土地价值、物业价值、（转让）交易价值等商贸设施投资者的价值都必须依赖设施经营者的经营价值来体现。因此，虽然本书重点关注的是商贸设施的投资价值，更偏重于从可量化的财务价值和经营价值的角度进行分析，但在实际分析过程中有时必须要透过商贸设施这一表象去研究产业经营价值这一更深层次的内容。

（一）土地价值

商贸设施的发展往往与土地开发紧密相连，土地成本是大型商贸设施的直接成本之一，商贸设施的价值不仅取决于物业本身的造价，还取决于土地所在的区域和位置所隐含的市场价值。商业地产开发流行说：地段，地段，还是地段。可以不夸张地说，商贸设施的绝大部分价值都是其土地地段价值的体现。由于商贸设施的价值直接受到选址的影响，因此土地价值的高低是商贸设施价值的最直接体现，很多项目因为一街之隔，商业价值就天壤之别。

（二）物业价值

商贸设施的物业价值包括以下几个方面：（1）效用价值。物业的效用价值具体体现为物业可以保值、增值；物业可以作为资本参与经营活动；物业可以用来抵押；物业还可以被交易、赠送和继承。（2）稀缺价值。某个选址的商贸设施是绝对唯一的，这也就决定了商贸设施的稀缺性。（3）可转让价值。所有者具有将商贸设施转让给购买者的权利，这种转让一般没有法律和政策的限制。（4）建筑价值。从商业投资者的角度所关注的建筑价值主要关注建筑质量和运营质量两类。建筑质量是指物业本身作为一种实物形态所表现的质量特性，商业运营质量是指项目物业的商业运营价值，包括品牌、口碑等价值。项目整体价值会受到诸多外在因素的影响，如国家地区或是社区的商业经济发展水平、价格水平和货币利率水平、税收水平以及与竞争对手的关系等。

（三）经营价值

商贸设施与非经营性物业间的直接差异是能否带来商业运营的后期收益。成功的商贸设施经营可以回报丰厚，而失败的经营则会使价值减少，甚至亏损严重。虽然住宅物业也可以通过闲置时段出租来获取收益，但却与商贸设施的商业运营存在根本不同，这种不同在于价值的获取来源是商家的经营价值还是物业价值本身，影响商业地产经营价值的因素主要有：(1) 经营者经营能力的优劣。设施经营成功与否，会大大影响承租人的信心，同时会影响项目的租金收益，这关系到商铺经营价值的实现。(2) 设施的商业氛围与口碑。一般来说，处于商业繁华地段的项目，由于成熟商圈的带动会使其经营价值得到更大的体现。(3) 项目的商业特色是否鲜明。在特定区域内选择适合自己的经营内容与经营形式，做好恰当的业态定位，以主动性创造价值，以经营特色来制胜，往往会带来较大的经营价值。

三、商贸设施的类型

按照商贸设施的建筑类型来分，主要可分为街区式商业、盒子式商业、复合型商业、主题（园区）式商业等。其中街区式商业往往采取开放式或半开放式建筑模式，以低层物业为主；盒子商业是现阶段发展最快，也最普遍的大型商贸设施，包括购物中心、百货公司、超级市场等。美国的《零售辞典》对购物中心的定义是："购物中心是由零售商店及其相应设施组成的商店群，作为一个整体进行开发和管理，一般有一个或几个核心商店并有众多小商店环绕。购物中心有宽敞的停车场，其位置靠近马路，顾客购物便利。"百货公司是指根据不同的商品设立销售区，开展进货、管理、运营等工作，以满足顾客对时尚商品多样化选择之需求的零售业态；复合型商业是指街区与盒子商业的有机组合；主题（园区）式商业往往具有某一主题功能，如文化、旅游、体验、亲子等，这类商贸设施具有较强的目的性消费功能和特定消费人群，往往更加注重打造个性化的主题情景，满足消费者和商家的需求。

消费者的购买力与商贸设施的建筑模式具有某种直接的关系。从西方国家商贸设施发展过程看，商贸设施的类型与人均 GDP 的增长存在一定的关联度。当人均 GDP 不到 1 100 美元、城市化水平小于 25% 时，商贸设施最为简单原始，比如地摊、庙会、集贸市场等；当人均 GDP 处于 1 100 美元到 2 000 美元之间、城市化水平达到 45% 时，商贸设施开始出现商业街百货公司、特色市场等新的变化；当人均 GDP 达到 2 000 美元到 4 400 美元时，则出现了大型超市、专卖店、精品店、购物中心等更高级别的商业业态；当人均 GDP 突破 4 400 美元、城市化水平达到 70% 时，购物中心、城市综合体、主题 MALL 等商贸设施开始涌现。实际上，这种将人均收入与商贸设施发展阶段建立联系的做法并不完全准确。从更一般的角度来看，商贸设施的类型取决于投资成本与收益的关系，或称单位投资坪效，不同类型的商贸设施具有某种相对稳定的单位投资坪效。虽然城市化发展水平和消费承载力会有所不同，但投资坪效的要求却保持着相对稳定，也就是说，投资者希望从每平方米商贸设施建设中获取的收益是相对稳定的，当市场上的商贸设施无法满足这一投资收益的要求时，就自然会产生更加高收益模式的设施进行替代，其外在的表现就是商贸设施的不断更新换代。

上述对投资坪效的考量虽然是建立在同一类型商贸设施的投资分析，但显然其结果也同样适用于不同类型的商贸设施之间的替代性分析，这可以从批发市场到大型购物中心再到主题型设施的发展过程中找到依据。在传统批发市场中，组织化水平较低，营利能力较低，这使批发市场设施只能拥有较低的经营坪效。随着社会不断发展，城市中富余的市场空间不断减少，商业地块变得稀缺，零售商业的回报要求越来越高，商贸设施自然向更大规模、更组织化、更现代化模式发展，这时一些可能产生较高投资坪效的项目开始进入市场，比如购物中心，传统市场空间被替代，新型商贸设施出现。

第二节　我国商贸设施的发展现状

一、我国商贸设施的类型与特点

改革开放 40 多年来，我国的城市结构、人口、生活及消费方式发生了极大的变化。改革开放前，我国居民的城乡二元化结构比较固化，城市和乡村被严格分裂开来，无论在乡村还是城市，商贸设施建设水平都较低，消费一直处于短缺状态。物资供给的极度缺乏使得可供居民选择的消费品十分有限，基本必需品都由国家配给，居民自主选择的余地很小。这一阶段的商贸设施，停留在靠行政命令建设的供销合作社模式，城市中不同职业、不同阶层的居民在消费个性上的差别并不明显，特有的制度及“单位办社会”的现象，使居民消费依附于单位，从单位获得各种消费品，他们的工作、休闲和消费活动大多在单位内部完成。改革开放后，中国特色社会主义市场体系逐步完善，从农产品价格放开，到日用工业品价格放开，再到住房，公共服务的商品化，商品市场日益丰富的同时，各类商贸设施进入蓬勃发展阶段。居民消费的自主性不断增强，消费者从过去被动的从属地位一跃成为城市商业活动的主角，从路边摊到大棚，从大棚到市场，从市场到商场，逐渐形成了比较完整的商贸设施类型结构。

当前，我国商贸设施的发展水平与发达国家在“软硬件”上仍存在一定差距，尤其是体现商业价值“软实力”的运营方面。近年来，随着我国城市化进程不断加快，消费在经济发展中的基础性和先导性作用日益突出，商贸设施的发展水平越来越受到重视，成为投资领域的热门。推进商贸设施升级，不仅有利于促进城市有机更新和发展，而且是促进消费升级，提高人民生活满意度的重要举措，而且商贸设施的发展水平往往代表着一个地区的整体实力。

我国批发零售类商贸设施的类型大致可划分如下：

（1）小型零售设施。小型零售设施是指以零售交易形式为主，单个设施商业体量不大（一般小于5 000平方米），以一个具体的营业场所（店铺、营业大楼等）为交易平台的设施类型。例如，普遍存在的社区店、小型食杂店、专卖店、便利店等。

（2）中大型零售设施。中大型零售设施是指除上述小型零售设施外，单个设施商业体量规模较大（一般大于5 000平方米）。例如百货商场、购物中心、超级市场、商城等。这些商贸设施可能由一个零售企业经营，也可能是多个零售企业的组合（如购物中心或者商场内就存在多种零售企业）。

（3）商业街设施。街区商业是一种比较特殊的商贸设施形态，之所以特殊是在于它具有非常强的个性化特征，有的街区是自发形成的，有的是由规划形成的；有的规模非常大，有的则可能仅有几间商铺。由于不同商业街在城市商贸业中的地位不同（有些是代表城市商贸发展繁荣程度的中心大型繁华商业街；有些是城市中服务于广大居民生活的一般性商业街区），培育与发展的难度与要求也不同。

（4）批发市场设施。除零售类市场外，我国商贸设施中还存在数量众多、体量较大的商品交易市场设施（批发市场、专业市场）。第一种是大型的专业化或者综合性的批发市场，其中，以生产资料批发市场、农副产品批发市场、日用工业品批发市场为代表；第二种是批发类集贸市场设施。例如，农副产品集贸市场、日用百货集贸市场等。

（5）产业主题型商贸设施。随着商业地产的快速发展，产业结构呈现越来越多的复合形态，业态越来越多样，一些特色主题类商贸设施快速崛起，如文旅综合体、教育综合体、体育综合体等产业地产的综合体项目，这些基于一定自然、人文资源，把文化、旅游、养生、休闲、体验、商贸等多种功能进行有机融合，并以商业化运营模式投入市场的商业地产项目可以统称为产业主题型商贸设施。

（6）无人值守类商贸设施。随着数字技术、网络技术、人工智能的不断发展，自动售货机、智慧商店、数字货架等新型商贸设施正在快速兴起。这些零售方式正成为商贸设施中不可缺少的设施类型。

商贸设施的发展水平，在很大程度上取决于地区的经济发展水平和消费能力。过去，我国经济对农业产业依赖较大，形成以农耕为基础的社会体系，随着中国特色社会主义市场经济体制的不断发展，产业的重心开始从农业转换为二三产业，商贸设施建设迎来真正的春天。改革开放后，我国开始建立城市规划制度，并且逐步法规化，自此我国城市空间拓展明显加快，城市和商贸设施之间的关系越来越密切。事实上，真正对城市空间模型进行变革性的思考，是从20世纪80年代末期开始的。从这一时期开始，中国特色社会主义城市理论不断得到发展与创新，全国人口流动加剧，城市规模不断扩大，全国高速公路里程不断创出新高，铁路建设取得巨大成就，大大缩短了城市之间的空间距离。经过几十年的发展，当前城市商贸设施日渐繁荣，甚至很多城市因为商贸业而发展壮大，比如浙江的义乌、山东临沂、河北白沟等城市。同时，越来越多的新城区拔地而起，并取代中心城区成为城市新的发展重心，一些卫星城、新城、组团、城市群开始涌现。一些学者认为，“现在不再是中心地区主导城市郊区发展，而是城市的边缘地带决定城市中心还剩些什么功能”，最具典型代表性的就是北京对非首都功能区的疏解和雄安新区的规划建设。同时，随着电子商务、厂家直销等新型商业模式的涌现，传统商贸设施再次进入快速变革阶段。

随着我国城市化进程的进一步加快，城乡户籍、保障、医疗等二元结构不断融合，不同城区间、城乡之间的发展不平衡、不充分加快消失，各类商贸设施和消费水平、消费体验在不同地区之间越来越趋于一致。城市空间发展也突破了经典模型中的“中心—边缘”空间范式，现在人们越来越认识到，外围地区的发展已经不仅仅是在过去“中心—边缘”空间模式上的延展。事实上，外围地区自身的发展还代表了一种新的空间组织范式。从商业设施和居民消费行为的关系来看，商业功能越发达，商业设施越先进，人们的物质和精神的满足感就越强，城市的社会结构越合理，城市社会系统运行的风险也就越小。在我国改革开放40多年的时间里，发达国家经过数百年发展起来的各种商贸设施悉数登场呈现，虽然从形式和类型上较之发达国家已经没有明显差距，但我国商贸设施的生命周期偏短，各类设施之间的过渡时间偏短，尤其是管理、运营、创新、人才等方面的专业化能力仍有所欠缺。

二、我国商贸设施发展存在的主要问题

进入21世纪，在政策和商业资本的推动下，国内商贸设施迅速成为投资热点，尤其是凭借丰富的业态、多样的体验、舒适的环境，大型集中式商贸设施越来越受到消费者欢迎。设施越建越大，越建越豪华，我国已成为全球商贸设施建设最为活跃的市场。据国家统计局数据显示，自1998年至2016年底，全国商业营业用房投资金额从475.83亿元快速增长到15 837.53亿元；同期房屋新开工面积中商业营业用房开工面积从1 938.65万平方米，迅速增长到22 316.63万平方米；同期销售面积从810.8万平方米发展到10 811.96万平方米，其中全国35个大中城市商业营业用房面积占到7 376.88万平方米。据专业机构2016年调查显示，2015~2016年，超过50%的新购物中心项目延期开业超过6个月，项目预租周期也从过去的12~18个月延长至19~24个月，商贸设施的阶段性过剩风险不容忽视。

（一）设施发展不均衡现象凸显

当前，我国大中城市及东南沿海城市化水平较高，商贸设施更新换代较快，商贸设施发展水平接近甚至已经超过发达国家水平。从数据上来看，国内一二线城市商贸设施投资金额和投资规模大幅增长，京、沪、

广、深等强一线城市领跑全国，起到了绝对的标杆带动作用；在优质商贸设施存量规模上，截至 2016 年底，北京和上海两地亦分别以 880 万平方米和 790 万平方米的零售物业存量占据全国前两位，未来几年还有接近百万平方米的项目不断入市。与之相比，中西部地区以及广大中小城市的商贸设施更新较为缓慢，与发达城市及东南沿海区域的商贸设施发展上存在较为明显的不均衡现象。近年，随着我国加快推进中西部城市开发进程，商贸设施发展的不均衡现象正在得到缓和，中小城市商贸设施的开发和建设进入高峰期，大体量的新增项目集中入市使招商、运营竞争不断加剧。

（二）功能发挥不充分现象突出

近年来，商贸设施总体数量急剧增加，单体规模向大型、超大型发展趋势明显，项目类型更加广泛，商业功能更加复合，专业化程度越来越高。但同时，有些商贸设施的商业功能发挥不充分的问题也越来越突出，商贸设施已经从单一的交易功能转变为更具体验和服务性的复合体，其经营管理已经不仅限于传统的保安、保洁等物业管理工作，而是包括精准营销、品牌服务、智慧运营、大数据分析、创新孵化等一体的专业性系统工程，尤其是由于缺乏专业化运营管理导致的功能发挥失调问题，已经成为制约商贸设施创新发展的重要瓶颈。

（三）规划定位不专业问题较多

由于我国商贸设施发展周期较短，商业地产投资、开发商与住宅地产的投资、开发商之间没有明显的专业化区分，这就导致商业地产领域存在大量非专业的商业地产投资者、开发者。一方面这些非专业投资者、开发者对商贸设施的投资规划的理念、过程、科学方法缺乏了解；另一方面又缺乏专业化的从业人才，在巨大的市场利益面前，往往忽视了长期潜在风险，而盲目上马一些大型项目，最终导致商贸设施的不专业现象更为突出，无论是项目的商业功能定位，还是建筑空间规划，又或者是招商过程中的业态品牌编配，因不专业问题造成的项目失败屡见不鲜。

（四）设施投资不合理现象严重

受商业地产火热赚钱效应的影响，有些投资者忽视了的商贸设施的投资风险。大家普遍认为只要拿到地就能赚到钱，只要盖起楼就能卖/租的出，只要开了业项目就算成功，事先没有经过严密而科学的商圈调查和项目可行性分析，甚至机械套用其他项目的策划和设计方法，往往是“先建设、后定位”，从而导致大量不合理投资发生。相对于住宅项目的投资来说，商贸设施的开发周期长（一个商业项目一般需要1～2年建设，3～5年培育）、投资数额巨大（动辄几亿元、几十亿元，甚至上百亿元的投资）、投资回收期长（投资回报期一般为5～10年甚至更长）。这些特点决定了一旦在商业项目的投资上出现不合理决策，其风险也是巨大的。

（五）设施运营不科学现象普遍

当前，商贸设施的规模越来越大、品牌商户越来越多、业态的复合性越来越高、数字化技术越来越先进，这对后期的运营管理提出很高要求。传统商贸设施的运营管理主要提供物业设施的日常管理，运营范围停留在保安、保洁、物业维护、合同收费等初级层面，而在品牌营销、商品联营、企划联动、线上线下融合的趋势下，传统的运营管理已经不能适应当前商业的创新要求，设施运营过程中的不科学已经成为阻碍项目功能发挥，提升项目价值的最大瓶颈。

（六）创新能力不足成关键瓶颈

商贸设施的创新与其他领域的创新有非常大的异质性，作为满足消费需求的空间载体，商贸设施既要考虑买方的空间需求，也要考虑卖方的要求，这就需要商贸设施不断根据消费者和商户双方的需求变化进行创新。由于当前国内商贸设施的自持率不高，大量分散的业主在创新过程中存在较大的利益冲突，成为阻碍创新的关键瓶颈。另外，国内商贸设施创新人才不足，配套服务、产品、技术、资源等方面也存在一定差距，限制了商贸设施的创新发展。

第三节　商贸设施投资的常见误区与风险防范

商贸设施是一种以商业运营为目的的设施类型，投资者进行商贸设施投资是希望通过商业运营获取其投资收益，并尽可能规避投资风险。这也是商贸设施投资分析的核心，即解决商贸设施从投资到运营全生命周期的利润获取和风险规避问题。

从商贸设施的投资模式来看，国内主要可以分为三种类型：

第一种是“产权式投资模式”，即大型投资商会先行投资资金对设施进行投资建设，但其建设的目的并非持有和经营该项目，而是通过出让项目的所有权或经营权，为了解决面积较大难以统一的问题，很多开发商进一步使用了“出售后回租”“若干年后回购”等更为灵活的代管经营的形式。

第二种是“自持式投资模式”，即商贸设施的开发商对设施进行独立投资、建设和运营，通过引进品牌商户，收取租金的形式，来保证整个项目业态的协调、统一或者互补。

第三种是“复合式投资模式”，即整个设施中既包含自持的商业部分，也包含用于销售产权的部分。这种模式下，项目的主导开发商会从一开始提出项目定位方案或者招商运营的具体要求，并进行“订单化”设计，此种投资模式的代表是万达广场。万达是中国最大的商业地产开发商，其总裁王健林被誉为中国商业地产的代表人物。他认为，将购物中心建好之后再等零售商过来竞标的开发模式有很大的风险，而在“战略同盟”开发模式下，品牌商不必进行大规模的不动产投资，可以将更多的资金投入到运营中去，开发商也可以在很大程度上避免后期招商不畅，这样通过对商业运营风险的双方共担，互利互惠，形成稳定的双赢格局。

目前我国大多数商贸设施的经营采取“租售并举”的复合式投资模式。这种模式对专业型商业地产开发商具有很大优势，非专业的开发商其问题在于，不太容易掌握租售之间的比例关系。由于大多开发商都有强烈的套现动机，这往往导致销售比例偏高，随着出售比率的加大，物业的统一经营和管理难度将会增加，从而影响项目的整体效益，进而损害物业价值和项目的长期价值。

任何商贸设施的投资都应以“市场需求”为基石，而“以消费者为中心”是这块基石下的基石。如何构建科学、合理的市场与消费者分析体系，为商贸设施投资者提供科学分析方法，成为一项颇具挑战的工作。当然，从严格意义上讲，所有的投资分析都是有限理性的，科学分析并不能确保投资收益最大，更无法确保规避掉所有的投资风险，但这种有限理性又是不可或缺的，否则对商贸设施的投资就只能是两眼一抹黑地盲目行为，虽然投资风险的不确定性是无法改变的，但围绕有效提升投资收益，科学降低投资风险却是可以实现的。

一、商贸设施的投资误区

在提升合理的投资利润之前，首先要面对选择投资什么标的问题。市场上存在诸多投资产品，而商贸设施的投资只是众多投资标的中的一种，至于这一投资是否是最佳投资选择，则涉及对投资标的的科学评估。在进行这一评估时，要避免三大误区：

第一误区是商贸设施投资首先考虑地产（房产）价值，然后才考虑商业价值。不可否认，以商贸设施为代表的商业地产当然是一种地产产品，但从投资的角度却不能太关注其地产属性，而要更多的关注设施本身的商业属性。因为地产并不具有先天增值的属性，它与黄金、珠宝、艺术品、股票等标的从投资的性质而言，并没有什么特殊。但现实中很多投资者都会首先考虑商业地产的地产属性，而忽视了投资过程中的商业本质，从而造成投资失误。

第二大误区是投资商贸设施一定赚钱，即使现在亏钱还有建筑在，长久来看一定是赚钱的。这是“一铺养三代”思维模式下的典型误区，也是第一大误区的延伸，这种误区的错误在于没有认识到商业地产在失去商业本质后，其建筑价值几乎为零，有时甚至是负价值的存在。也就是说，商贸设施的物业价值必须通过其商业经营价值才能得以体现，可以毫不客气地说，失去了经营价值的商业地产是毫无价值的地产。

第三大误区往往发生在一些非专业商业地产开发商身上，认为商业地产与住宅地产差异不大，技术成本低，只要建设好，就能运营好。实际上由于商贸设施的类型非常丰富，市场竞争越来越大，管理的专业化程度非常高，建设施工的技术性要求也越来越高，使得商业项目与住宅项目之间千差万别，两者之间的差异不仅在于工程设计和运营管理上的巨大差异，还在于两者之间整个商业模式上的差异。

众多商贸设施投资建设者都对上述三大误区准备不足，造成项目投资失误频频。

二、商贸设施投资的典型风险

任何投资都不可避免地面临潜在风险。由于商贸设施本身的属性，这一投资首先要面对巨大的资金风险和时间成本风险，另外还有政治风险、市场风险、宏观经济风险等各种潜在风险也体现得更加明显。商贸设施投资分析就是要帮助投资者有效降低或化解这些潜在风险，当然，要完全规避这些风险是不可能做到的。国内大量商贸设施都不同程度地存在着这样那样的风险，而这些风险大多都可以通过科学方法提前预防或后期改善，其中比较典型的：一是项目选址和规模不合理，有些项目选址太偏远，有些项目规模过大或过小；二是项目定位不合理，偏离城市基本面和市场环境，与市场需求不吻合；三是项目设计不合理，重视建筑的外在表现，忽略了内部商业动线的科学规划，大量物业需要后期改造；四是商业业态编配不合理，业态规划之间缺乏商业联动，缺乏对商业持续运营的前瞻性规划。有些问题造成项目完工几年还空置，有些造成项目不断更换招商团队，开业时间无限期延后，有些项目勉强开业，但由于各种前期问题造成经营不善，商铺空置率高，品牌大量撤柜，运营举步维艰。具体而言大致分为：

（一）错误拿地风险，忽视商业专业性

国内商业地产开发商大体来说主要有三种：政府、国企和私企，私企里又含外商独资或合资企业。他们因为各种不同的原因拿到了一块市场价值感觉比较大的土地：比如政府划拨，竞拍购得，还有集体土地租赁等模式，也因此，各开发商的开发目的各不相同，有的是为了提升城市形象的招商引资工程，有的是按政府规划要求，需要配套建设的项目，也有开发商为合理避税转型资本积累的项目。在这些从事项目开发的企业中，大致可以分为三类：第一类是专业从事地产开发的企业，有些以住宅地产为主，有些以商业地产为主，但都只是侧重点不同而已，基本都有涉足；第二类是当地的龙头企业，虽然企业主营业务并不是商业地产，但在企业多元化过程中介入的项目，由于企业在当地比较具有影响力，政府层面各个部门都非常熟悉，政府有时为了鼓励企业长期稳定在当地发展，也愿意拿出一些好的地块供这些企业进行开发；第三类则是一些抱着淘金寻宝的心态，看到房地产行业赚钱，就一头扎进来跟着搞商业地产的企业。第一类企业因为具有一定的房地产开发经验，对商业地产开发的专业性要求也早有储备，拿地前就已经有了比较大的把握，因此在开发建设中走上弯路的可能性较小；而第二、第三类企业由于完全不了解商业地产，甚至完全不

了解房地产，很多投资者、开发商认为卖铺、招租、收物业费是全世界最简单的生意，是谁都会做的生意，只要有钱买到地，一旦有机会出现时就盲目上马，全然不顾未来商业项目庞大的无可抵消的运营成本，铸成大错，难以回头。最终，不仅对自己是灾难，对政府来说，更会造成消极的社会影响。

事实上，在长期的商贸设施投资建设中，无论是理论界还是实践界都存在着一定程度上将商贸设施简单化处理的误区，以至于很多非专业从业者和投资者，将商贸设施与一般地产项目相混淆，将商贸设施的投资分析与一般地产项目的投资分析相混淆，产生了大量不良后果。尤其是近年来，随着我国城市化进程不断加快，商贸设施呈井喷式爆发，很多非专业商业地产开发商也纷纷涌入拿地，一些未经科学分析和规划的项目草草上马，造成商贸设施的低端化、同质化、过剩化现象严重，这都严重损害了商业地产投资者利益。

（二）开发思路风险，缺乏专业投资分析的风险

商贸设施往往是一个中长期的投资项目，其核心盈利模式主要依靠租金增长和最终物业的增值。由于国内很多开发商对商业地产与住宅开发模式的差异认识不足，盲目沿用住宅地产的开发模式，而不具备商业运营的能力和经验储备。住宅地产主要以销售情况的优劣进行判断，而商贸设施更多是以后期经营的好坏作为标准。做住宅开发基本沿用的是“卖楼走人”的开发思路，开发商往往将工作重心放在设施的前期营销上，对后期运营管理很少考虑。显然，商贸设施不同于住宅地产，建设完成只是项目的第一步，而且是最容易的一步。按照国际惯例，商贸设施往往需要2~3年甚至更长的培育期，而且商贸设施在培育过程中的招商、开业、运营才是真正检验的开始。其中，商业定位就成为影响项目成功与否的关键因素，租赁招商管理是否成功决定了商业项目未来的收入效益和市场价值。商铺前期可能十分热销，但最终因为市场无法形成而倒闭的例子比比皆是，尤其是大量产权式商铺的存在，一旦分割出售后，产权分散将导致商贸设施的后续管理缺乏整体性，这就是为什么投资者对“产权式商铺”广为诟病的重要原因之一，此时单纯依靠分散的业主和租户自身调节，往往难以完成设施后期的运营管理，项目价值就会大打折扣。

大量非专业商业地产开发商其原本并非从事商业，甚至有些对地产领

域也非常陌生，因此他们缺乏丰富的商业地产投资经验。而之所以进入商业地产的投资领域，很大的原因在于市场上其他专业化的商业地产企业带来的赚钱效应。但往往在未进入这一投资领域时，非专业地产商会盲目的忽视这一领域的专业性要求，而只关注了其巨大的财富效应。这种盲目跟风式的投资除了看到有潜在的市场机会外，并没有十分明确的商业投资目标，其对投资节奏的把握、投资规模的控制、投资风险的管控都非常不明确。这一方面造成了大量非专业商业项目的集中涌入，另一方面也造成了这些项目的投资风险的累积。而且这些投资一旦出现风险，投资者又缺乏对风险的把控能力。

（三）项目定位风险，偏离市场需求的风险

商贸设施的类型众多，各种类型的设施在城市和市场中发挥着不同的作用。各类设施在选址、规模、运营、盈利模式等方面都各不相同，如果不搞清楚这些特点，而盲目“按图索骥”“生搬硬抄”“东施效颦”往往会造成项目定位失误，造成巨大的投资失误，尤其是项目的商业功能定位出现盲目，将会直接影响项目后序品牌招商与管理；有的为了“满铺开业”而忽略长期利益，有“填铺式招商”“以租金定品牌”等短视行为，这些失误的例子在现实中屡见不鲜，严重影响商贸设施整体价值的发挥。

当前，大量商业地产项目都是建筑设计为先、商业规划在后；而设计没有规划作为引导，甚至带有一定程度的主观性、随意性，又必然导致对规划设计的导向作用不明显、指导性不强，由此，项目建造完成后的物业条件不符合商业的需求也就成为再自然不过的事情，为经营管理埋下种种隐患。这是因为很多开发商忽略了商业项目的专业性要求，将其与其他房地产项目画等号，在开发伊始就直接进行建筑设计，以为只要外形别致、立面精美、空间足够就可以成功。殊不知，商业项目的规划设计有其自身的理论知识和经验规律，只有以科学和专业的知识为指导，并结合市场上各项目成功与失败的宝贵经验进行专业的定位规划，项目才可能会成功。

对于商业项目而言，商业功能的规划是一切设计的先驱，也是所有设计的根本。如果把商业项目比作一个人，那么其商业规划就是人的三观，建筑设计只是人的外貌，外貌再好看，如果三观不正确，是无论如何也不会拥有美好人生的。可是，纵观国内绝大多数失败的商业项目，最主要原因都不是建筑设计哪里错的离谱，而是商业定位时的规划出现了严重偏

差，从而影响了后续一系列不可挽回的失误。

在开发商拿到开发用地，并决定投资建设时，首先考虑的是项目的规模体量（与容积率有关），但却很少把商业规划放在首位。无论是业主、设计师，还是政府相关部门都首先想的是建筑外观是否漂亮，是否足够有吸引力，是否能够作为新的商业标杆，而对商业规划中的项目定位、主题特色、优劣势、功能布局、消费人群划分等一扫而过，以为此时的功能布局只是供报批报建所用，至于今后是否真的这样布局则完全忽略不计。殊不知，如果将商业规划这一涉及主题定位、功能布局、业态规划的重要任务放到工程完工后的阶段去做，则为时晚矣。

国内很多商业项目在主体完成后面临建筑结构要改，动线要改，功能布局要改，到了品牌招商阶段又面临要改，到了运营阶段又面临再改的一系列问题，等到运营一段需要调整时又要再改，一改再改，冤枉钱也花了又花，弯路走了一次又一次。

而避免这种先天不足的方法只有一个，就是提前做好商业规划，精准定位，科学规划，严格执行，不断创新。首先，开发商必须在建筑设计之前聘请真正的商业领域的专家对项目进行商业定位研究，通过对市场发展趋势和现状的准确把握，在分析项目优劣的基础上给出项目未来的准确定位，在此基础上对项目商业功能进行空间布局设计，在策划总规图时就把未来项目的实际商业功能和大致业态布局敲定，以后即使还有所变动，也只是局部的一些小调整，而不必伤筋动骨。只有在确定了上述商业规划的前提下，建筑师才能动手进行建筑设计，否则就容易犯首尾颠倒的毛病。当前，商业设施门类越发细分，主题型设施成为主流，表现为消费层次划分和消费行为划分越来越精细，相似消费习惯和消费对象的消费行为倾向集中到某一类设施，商品品类交叉，品牌之间良性互动，经营手法各有侧重，客户群体相互共享，消费者都趋向于同一个专门的“主题”，这就形成所谓“主题设施”的概念。

（四）运营管理风险，无法满足创新需求的风险

商贸设施的中后期运营管理，对商贸设施的保值增值非常关键。当前，国内许多项目的硬件条件已达到或超过国际水平，但在设施的后续运营管理方面却明显偏弱，难以应对专业化的创新需要。现代化的商贸设施比传统设施的管理难度要大得多，不仅需要更强精细化的物业管理水平，

还需要更强的市场创新能力，尤其随着数字化技术的应用与普及，线上线下商贸设施之间不断融合，大数据、云计算、物联网、人工智能等技术不断赋能传统商贸设施，这就对运营管理创新能力提出新要求。

开发商在投资商业地产之前，必须提前考虑好建成后的项目由谁来管理经营，是自己成立管理团队，请职业经理人，亲自操刀，还是委托国内或国外的商业管理公司。国内众多商业地产开发商中，往往是等到项目快落成了，甚至是项目已经落成了才考虑这一重大问题，其实为时已晚。

从模式上来讲，如果是打算自己管理经营，那就要考虑是否有足够的经验和能力，是否能够组建出适合的团队，是否真的比其他模式更节约成本，或是盈利水平更高。如果回答是，那自己操刀也无可厚非，如果答案是否定的，那项目开发商一定要三思而后行。在实际案例中，大多开发商刚开始也是抱着试试看的想法，自己成立团队，自己招商、经营，但由于毫无商业经验，或是选人用人不合适，或是商业资源无法支撑，或是管理体系不够完善，总之，市场上鲜有能够从零开始自己组建团队而运营的繁荣的商业项目，而是大量存在“赔了夫人又折兵”的开发商。

若要请别人来委托经营，就面临如何挑选委托方的问题，且不说大牌商业管理公司价格昂贵，就是其对物业的各种苛刻要求就可以让很多开发商望而却步，即使人家勉强答应愿意接管，项目的大部分利润也被剥夺得所剩无几。另一方面，大量的小型商管公司虽然价格不高，要求也不算苛刻，他们往往靠着一些所谓的商业资源，打着几个在商业圈子里面熟悉的品牌商户和大佬式人物就到处接项目，但其实际经营管理能力却不敢恭维，他们擅长短平快地做项目，在开业压力下不管商业定位，填铺式招商，只管开业而不管项目的长期持续繁荣，他们要么打一枪换个地方，要么打一枪换一个名字，这样的团队损害的往往是项目的长期价值，如果开发商选择这样的运营团队，对项目的损害将是长期而不可挽回的。可惜的是，现实中很多开发商这样的错误不但犯一次，而是屡错屡犯，在同一个弯路上跌倒好几次，损失惨重，最后后悔莫及。要知道，商业项目是最经不起这样折腾的，“失败是成功之母”的谚语绝不适用于商业项目的运营。

那么，开发商应该如何选择合适的商业管理运营团队呢？一是看案例。没有无缘无故的成功，也没有无缘无故的失败。商管企业实际运营能力如何可以完全从其已经运营的项目中得到体现，如果那些没有任何成功案例的团队，开发商一定要远离。二是看规模。规模是实力，也是经验，更是成功的保障。商管企业的托管规模，直接反映了商管企业的实力，也反映了商管企业在各类市场环境下解决问题，处理问题的经验和能力。如果只有很小规模的商管团队，说明他们的经营管理能力可能只在某些区域市场中能够体现，换了市场环境可能完全失去能力。三是看体系。商业运营管理是一整套系统工程，必须有强大的后台支撑，这种支撑是财务的，是人力资源的，是品牌储备的，是管理体系的，是整个企业体系的支撑，一些小型商管企业往往不具备这样的支撑体系。四是看执行。运营管理最终的体现是执行水平的体现，是按时开业的基本保障，是持续高水平运营的保障。很多商管企业托管一两个项目还算可以，但到了三四个的时候就已经捉襟见肘，到处都是救火队员，到了托管四五个的时候，他们就开始失去执行力，不是忙中出错，就是处处延误。

总之，开发商投资商业地产虽然原因各不相同，但希望通过项目实现盈利的目标却始终是一致而持久的目标。所以，开发商在选择运营管理模式时，一定要“眼观六路，耳听八方”，既要把握大的战略方向，也要精于挑选合作伙伴，更不要被一些口头式承诺和利润目标所迷惑，不要因急于开业而失去了主心骨，更不能因为疏忽大意而跌入对方在合同中设置的陷阱，要时刻保持清醒和理智的头脑，谨防各种诱惑和欺骗，要知道，商业项目是经不起反复折腾的。

三、降低项目风险的路径

为了有效地降低上述项目投资过程中的风险，可以通过针对项目拿地的投资风险、项目开工的建设风险、项目开业的招商风险、持续盈利的运营风险的四种路径进行研究，降低项目风险。

1. 通过拿地前的四个专业化来减少投资风险

（1）项目踏勘要专业：准确判断该城市或该片区市场基本面，准确评估商业发展现状。通过基本指标：城区人口基数，人均收入、GDP 的总值及增长率；附加指标：银行存款、消费结构、消费习惯、财政收入、周边城市商圈等将人均商业面积与地段、规模、团队和资源整合能力三个因素进行综合评估。

（2）竞争对手评估要专业：竞争对手的评估需要从多个维度进行考

量，主要包括竞争对手的品牌、实力、规模、开业时间、市场口碑、标杆商户占有率、租金水平、收益水平、运营能力、空铺情况等，另外还可以从商业地段、区域潜力、主题特色等方面考察与竞争对手之间的优劣对比。

（3）拿地目标要专业：根据基本面分析和竞争对手分析情况，对项目可能涉及的地块规模、地块结构、投资强度、产品形态、时间要求、市场趋势等与投资目标相结合，进一步分析市场潜在消费群体的设施需求，给出项目的定位标签。这些分析既涉及拿地的规模评估，也涉及拿地成本的核算，更涉及对投资回报的预测，是项目可行性分析的重要部分。事实上，众多项目可行性分析都存在一定程度的高估或低估，对市场的真正了解不够，尤其对商业发展的规律缺乏一定认识，这就产生了大量可行性分析徒有其表而难以落地。

（4）资金匡算要专业：根据基本面、竞争对手和项目定位的前提，得出商业面积的设计标准，给出业态的标准比例、租售价格，然后通过标准化的模型做好拿地前的资金匡算平衡，从而再得出需要拿地的最佳面积和最高承受价格，拿地的资金匡算能避免后期通过牺牲持续运营、牺牲物业升值来获取现金流。同时，大量投资者对商贸设施运营管理不甚了解，存在着一定程度的盲目乐观情绪，对租金收益、转让回报、销售价格的预期过高，造成项目后期资金吃紧，甚至影响正常施工。

2. 通过项目开工前的四个专业化来降低项目建设风险

（1）团队组建要专业：团队的专业性决定了项目的专业性，必须在项目开工前就建立或聘用专业化的项目团队，避免不必要的人才流动和资金浪费。对团队是否专业的考量非常重要，大量失败的商业项目不是没有团队，而是不够“专业”。那么怎样的团队才是专业化的团队呢？这就需要对团队的实力、能力、潜力进行深入了解，并结合项目团队过去的业绩、市场的口碑和未来的创新性等方面进行综合考量。

（2）商业设计要专业：必须要有专业化的商业设计，进行建筑设计前必须要提前导入商业定位与业态规划设计，减少后期物业改造损失，从物业条件上保障未来商业运营需要。

（3）风险管控要专业：在项目真正开工建设前，宁可多花时间、资金、精力，也要提前做好各种管理预案，做好计划管理和风险管控，努力通过系统化、标准化节点管控体系，降低开工过程中的项目风险，如果没有系统化、标准化的节点管控，确保如期开业难免是“痴人说梦”。

（4）资金安排要专业：大型商贸设施投资金额巨大，其项目过程中的资金安排往往是项目风险的核心所在。对于很多开发商而言，很多时候卖铺是必然的选择，但是“怎么卖”“卖哪里”“什么时间卖，怎么卖出高价来”，就非常考验资金安排的专业化能力。现实情况是开发商一感到资金紧张就“乱卖一气”，完全不考虑哪些能卖，哪些不能卖；哪些可以先卖，哪些必须后卖，卖的顺序混乱；有时对卖铺的进度没有把控，是一次性清光合适，还是分期开盘合适，都没有清晰的认识，项目资金安排形同虚设。

3. 通过开业前的三个专业化降低筹备期风险

（1）业态编配要专业：要制订以运营为导向的招商筹备策略，根据项目在定位过程中的品牌编配原则进行招商，杜绝无计划、无准备的盲目招商和填铺式招商。品牌招商必须严格围绕主题定位开展，切忌租金式招商，切忌破坏整体商业主题的招商，切忌不顾持续运营的短期招商。

（2）品牌定位要专业：要根据市场基本面和主题定位确定品牌档次和品牌类型，切忌盲目贪大图洋，一味地追求高档次或单纯为佣金而确定品牌，往往花了大价钱，又没有收到好效果。

（3）招商管理要专业：要制订详细的招商开业管理体系，制订相应的招商管控流程、工程改造流程、装修进场节点等，避免无规划招商，无计划开业。

4. 通过营运管理的四个专业化降低运营风险

（1）客户服务要专业：要为客户真正提供一站式的服务体验，要使消费者真正感到宾至如归，而且“不想归”。

（2）成本管控要专业：商贸设施的运营成本是后期营运管理中的重点，必须做到标准化、系统化、信息化。

（3）营销企划要专业：要确立近期与远期效益相兼顾的运营策略，避免短视行为，实现持续运营。不要以为招好商就万事大吉了，能否持续运营才是关键，这其中运营策略的前置尤为重要，因为这是指导运营的方针和原则，不能患得患失。

（4）智慧商业要专业：一定要真正拥抱互联网，将线上线下渠道融合与日常运营紧密结合，要将网络设备设施投资、网络运营、消费者社群打造摆在重要的位置上，尤其是必须把对商务大数据的应用摆在最核心的位置上，如何打造一体化的数据交互结构，如何实现数据为运营服务，如何使数据为决策提供最优支持，如何利用大数据对用户行为进行提前评估，这是在智慧商业运营中必须要解决的核心问题。

第四节 商贸设施创新发展的建议

一、合理规划城市商贸设施空间结构

城市商贸设施是城市流通空间的基础。我国城市商贸空间与发达国家相比，无论在整体规模上还是在单体水平上仍存在较大差距，为提高城市竞争力，商贸设施的创新发展首当其冲，突出体现为以下三个方面：一是商贸设施规模的科学供应，二是商贸设施网点的合理布局，三是商贸设施的单体质量和功能。城市商贸设施的规模方面，必须坚持以城市消费的承载力为前提，必须坚持科学规划，分步推进，而不能“摊大饼”式的盲目扩大，商贸设施的网点布局，涉及用地选址、功能定位、业态类型等要求，涉及诸多复杂城市信息的科学分析，否则就很容易引起某一区域设施的过量供应，造成设施之间过度竞争，导致空置、烂尾项目的产生，但如果城市商贸设施供应不足，设施租金就会不断上涨，消费者利益就会受到损害；而如果商贸设施过量供应，设施租金就会不断下降，出现招商难、人气差、效益低的现象，商户利益就会受到侵害。因此，对城市商贸空间进行合理规划是进行城市商贸设施投资分析的基础。

在城市商贸空间的规划方面，我国已经形成较为完善的规划管理体系，尤其是近几年的“多规合一”工作，大大减少了政府规划与市场需求“两层皮”现象的发生，大大提高了规划的有效性。

二、科学制订城市商业网点总体布局

合理布局是城市商贸空间规划的核心，城市商贸设施分布的失衡必然造成设施资源在某些地区的过剩或某些地区的不足。围绕这一问题，国外进行了广泛的研究，如运用雷利零售引力模式、赫夫的购物者吸引力定

律、汉森的可达性模型等分析消费者出行的分布和各级零售空间的影响范围，这些研究为城市商贸设施的空间布局提供了科学方法。在规划实施过程中，我国不少城市也运用这些方法提出了相应的对策。如大型综合超市，一般按相距3~5公里，人口按15万~20万人配置一个大型综合超市。虽然，人口、距离和分布的均匀性是城市流通空间布局的重要因素，但是影响商贸设施空间布局的因素还有许多，如当地的地理区位、风俗习惯、发展基础、交通状况等诸多方面，因此，进行城市商贸空间的规划必须进行多方面的综合研究。

三、提高商贸设施投资的综合效益

综合效益包括经济效益、社会效益和环境效益等多个方面。一般而言，商贸设施的发展和城市发展之间存在一种相互依存、相互促进的关系，经济效益高的设施，服务更加完善，与环境也更加和谐，市场上更具吸引力和竞争力。好的商贸设施可以提升城市流通的空间实力，甚至提高城市的整体竞争力，促进城市地位的提高，使城市居民的生活更加幸福。另外，对于单体商贸设施的综合效益方面，需要从设施坪效、运营成本、运营效益、社会口碑等多个方面进行考量，尤其是对于不同类型的商贸设施（如连锁商店、超级市场、仓储式商场、购物中心、便利店、专业店等），其各自的综合效益评估可能完全不同，这就需要从专业角度为每种商贸设施建立完善的效益模型。

四、完善现代商贸设施投资分析技术

当前，商贸设施的投资、运营已成为涉及多种学科的综合性科学，对商贸设施的投资分析需要充分考虑市场、消费、金融、服务、技术等诸多领域。当前，国内对商贸设施的投资分析还处于初级阶段，大量分析仍采用传统的住宅房地产分析方法，随着数字经济的快速崛起，数字技术与智慧商贸设施的融合创新不断加快，数字化技术不仅可以有效减少商贸设施的投入，降低成本，大大缩短设施投资的时间和机会成本，更有利于对现有资源进行整合，也可以实现更完美的消费者体验，传统设施空间向多维数字空间转化不断加快。

五、加快培养现代商贸专业人才

传统商贸人才培养模式中，技术性工具的掌握偏多，而商业思维和商业模式的教育偏弱，在商业创新越来越多地源于跨界创新和融合创新的时代背景下，国内商贸人才领域还存在着“两张皮”现象，即技术性人才不管商业，而商业人才不懂技术，造成技术创新不能真正为商业赋能，而商业创新又往往缺乏真正的技术支持。现代商贸专业人才既需要系统的理论知识，也需要丰富的实践经验，技术和智能设备本身并不能创造价值，创造价值的是使用这一技术和设备的人，现实中存在大量的技术和设备被闲置、搁置，徒成形象工程，甚至反而成了累赘，这就需要加快建立现代商贸人才的培养体系。

第二章　商贸设施投资分析

商贸设施投资分析不可能独立于消费需求，而消费需求又与一系列宏观经济指标紧密相连。其中，最重要的是消费人口，如果区域内的消费人口较少，人口密度较低，单一的商贸设施就可以满足日常消费，在这种情况下，如果执意要新投资建设大规模的商贸设施，势必导致资源的巨大浪费和项目失败；相反，如果当地人口基数大，就需要更多的商贸设施来满足人们的消费需求。随着城市的发展，城市人居密度不断增加，交通网络不断延伸和提速，消费能力不断增强，市场规模不断扩大，对商贸设施的规模、档次的要求也越来越高。商贸设施投资分析就是要科学合理地评估和利用过去和当前的市场信息，从而保证项目投资建设的科学性，避免出现不必要的投资失败。

第一节　商贸设施投资分析基础

无论哪种投资在本质上都是动态的，有些投资有基础性收入保障，而有些则会随市场变动产生较大波动，而商贸设施的投资显然属于后者，是为获取未来的持续利润而进行的投资行为，属于用现有资金换取未来现金流的投资方式。选择什么样的商贸设施作为投资标的，首先应该考虑设施运营的潜在收入大于投资成本，从而才能获取回报，而潜在收入一般通过租金、分成、出售等方式。面对巨大的消费市场和快速发展的城市化进程时，可以满足这些条件的投资机会很多，有的投资者喜欢安全性高的常规性投资，有的则追求高风险、高收益的投资，如何规划其投资标的会大大影响其投资收益。在对商贸设施进行投资分析时，必须评估某一地区、某一类型、某一主题、某一品牌、某一模式等不同维度上能够吸引多少消费，在技术层面上需要对商贸设施的规模、空间造型、设施布局、服务配套等方面进行科学分析。

一、投资分析的不同视角

开展商贸设施投资分析可以有不同的视角，其中包括开发商（投资商）、品牌商、运营商、政府机构、其他利益相关方等。

开发商：开发商或投资商的角度是一般投资分析的最重要部分，因为它提供了进行项目决策的最主要数据信息。由于大型商贸设施具有投资大、建设周期长、回报慢、市场风险大等投资属性，一个大型商贸设施的建设周期长达1~2年或更长时间，运营周期则更是会长达几十年时间，这就要求开发商或投资商在决策时必须科学预测项目完成时和运营后的市场情况，必须通过市场分析来确定何时、何地以及需要开发何种类型的商贸设施。

运营商：从运营者的角度看市场分析也非常重要，因为它提供了进行项目运营的必要依据。对于新建项目，其商业功能定位、主题设计定位、空间布局模式等都直接影响了后期的品牌招商和运营成本、租金收益等，运营商必须能从专业运营者的角度对项目招商的难度、品牌级次、租金水平、成本支出等方面给出科学评估，为开发商和投资者提供项目决策的依据，也确保项目建成后可以持续健康运营。

品牌商：大型商贸设施通常采取招租、联营、部分或整体出售的投资模式，其最重要的利益相关者就是品牌商经营户，而品牌商一般都有自身选址的技术要求，并且会尽可能要求以更低的成本获得商业设施，如果项目投资分析时不能对未来可能的品牌经营户进行细致周到的分析，就可能偏离市场实际需求，造成不可挽回的投资后果。比如万达在规划建设大型城市综合体设施前，就会提前与有意向入驻的品牌进行沟通，由品牌商根据对市场的要求进行功能和空间的规划设计，即订单式商贸设施。

政府机构：政府相关机构（一般为商务部门）对商贸设施具有规划指导的职责，会根据城市总体规划和商业发展的内在要求，在充分反映城市商业发展规律的基础上，对城市未来商业网点的商业功能、结构、空间布局和建设规模进行统筹安排。一般与商贸设施紧密相关的规划有《城市发展规划》《商贸业发展规划》《商业网点发展规划》等，政府商业规划编制完成后，应当按法定程序上报上级政府批准，发布施行，具有一定的法律效力。

其他利益相关方：由于大型商贸设施具有非常强的社会属性，相应项目的规划建设往往会对项目周边或其他利益相关方产生较大影响。比如某特定地块被作为大型城市综合体进行规划建设，周边的住宅往往会因为商业设施的改善而备受欢迎，从而引起地价、房价的上涨，所以对于大型商贸设施诸多外围利益相关方也非常关注，科学合理的市场分析可以帮助他们对区域未来做出更加理性的判断。

投资或购买商贸设施的投资者一般可以分为两类：

一类是商业地产的专业投资者：他们通过购买物业以获取收益，这种收益可能是租金收益，也可能是今后出售项目时的一次性收益；另一类是普通投资者（非专业投资者）或用户，这里的用户可以是商户或出租户，是将物业作为开展业务之用或通过自身的经营（出租）来取得投资收益的非专业型投资者。只有在一项投资能实现投资者的目标或目的时，才能说这项投资是明智或成功的，对专业投资者来说就是要获得满意的收益或利润水平，对有些投资者来说可能是要获得持有资产的获得感（从专业的角度来说这可能是完全无法接受的）。

虽然各个投资者有所不同，但在一般性的讨论中仍可将他们划分为以下几类：个人投资者，主要包括单个自然人、小型个人投资者团体、中小企业；专业投资者，主要包括上市公司或国有企业，也可以包括营利组织和非营利性组织；机构投资者，主要包括养老基金公司、保险公司、外国投资顾问、跨国公司、房地产投资信托（real estate inventment trusts，REITs）等。经过多年发展，国外资本市场与商业地产市场已相当成熟，商贸设施作为融资产品在资本市场中广泛存在，产品丰富，法律体系健全，融资退出渠道完善，主要包括证券主导型融资模式、资产抵押市场模式、财务性融资或债权融资、项目收益抵押模式四类。债权融资在商贸设施中主要以开发贷款和物业经营性抵押贷款为主，在证券主导融资模式方面，由于直接投资于商业地产需要大多数投资者所不具备的资本实力和专业化能力，自 20 世纪 60 年代起，美国政府开始设立 REITs，为中小型投资者提供了向大型、收益型房地产资产投资的机会，是抵御通货膨胀的一种良好工具。

我国商业地产起步较晚，投资模式和投资环境还面临很多挑战，投资理念还不成熟，大部分的商贸设施所采用的融资模式都集中在银行贷款，如开发贷、并购贷、经营性物业贷等，其融资渠道相对狭窄，融资难、融资贵、渠道不畅的瓶颈依然存在。

二、我国商贸设施投资瓶颈

当前，我国现代流通体系正加速变革，经贸强国建设持续推进，商贸设施的优胜劣汰进入白热化状态。如何通过科学分析，挖掘和创新商贸设施真正的“市场价值”，是摆在广大商贸设施投资、运营者面前最紧迫的议题。综合来看，我国在商贸设施的规划、投资、建设领域还存在诸多“不专业”现象，主要体现在以下几个方面：

（一）投资主体不专业

众所周知，商贸设施的开发需要投入大量的资金，其投资周期长，涉及的专业领域多。国外只有非常专业化的商业地产企业才会投资大型商贸设施的开发与运营，在开发完成后，开发商并不会马上进行销售，而是持有已建成的物业，通过出租、经营的方式获取周转资金，确保未来能够拥有稳定的现金流。在我国，由于大量非专业商业地产投资者充斥市场，认为卖铺、招租、收物业费是全世界最简单的生意，是谁都会做的生意，只要有钱买到地，就能运营好。由于发展初期，政府并没有对哪些开发商能够进入商业地产开发进行明确的评估，各地在招商政策的引导下，盲目相信商业地产能够带动产业，促进就业，持续给政府和地方带去税收，因此出让了大量商业项目给非专业开发商。这些开发商在投资分析和运营管理上缺乏经验和专业人才储备，在物业建成以后，为尽快回收资金，不得不将物业进行分割出售，导致其后期的运营管理存在各种问题，管理处于无序状态，大大降低了商贸设施的市场价值。

这些“不专业”现象的发生，更深层次原因是投资方的投资理念“不专业”，没有认识到商业地产投资与住宅地产投资存在巨大差异，难免在拿地前、拿地后、运营中出现失误，任何一个环节没做好都可能导致后期巨大的损失和风险。

（二）投资过程不科学

商业地产投资涉及非常强的科学性和专业性，从对市场动态的把握、宏观经济的分析、消费群体的行为、物业价值的测算、商业运营与管理、投资回报的方式与退出等，都需要系统的科学知识加以辅助，尤其是在整个项目的拿地、建设、运营的过程中都需要进行科学的投资分析。大量投资商可能会因“地价便宜”或是“别的项目火爆”又或是“我相信未来很好”，而落入了“拍脑袋”决定的陷阱，这往往产生严重后果：项目定位不专业，造成租金低、招租难、开业慢；空间设计不专业，造成市场价值严重低估，空间和成本浪费严重；经营匡算不专业，成本居高不下，坪效越做越低，效益严重缩水；业态调改创新不专业，商户“坐等靠”“吃空饷”现象严重。当前，国内商贸设施投资已经越过大面积投资建设的高潮期，进入拼实力、拼特色、拼运营的新时代，科学的投资规划已成为决定项目投资能否成功的关键。

（三）融资渠道不健全

由于商业地产的产业链和投资周期较长，项目投资建设需要大量的资金支持。我国地产金融市场起步较晚，虽然产品不断创新，但融资渠道和模式仍处于发展的初期阶段，造成国内商业地产融资渠道相对单一。比如国内商业地产领域专门针对商贸设施的 ABS（asset-backed securitization）、CMBS、REITs 等金融产品在国内并不多见，融资成本和行政要求较高，造成项目对物业销售的依赖度过高，如果一旦宏观金融政策出现调整，比如银行对商业地产的贷款审核趋向严格，就可能会对一些中小型商贸设施投资商造成巨大的资金压力。

三、商贸设施投资风险

商贸设施投资风险是指开发商在进行投资运营过程中，由于各种因素的影响和作用，导致投资成本上升、效益下降或项目失败等而产生的不确定性，其投资风险既具有一般房地产项目投资风险的典型特征，又由于设施自身的商业特性而拥有不同的风险因素（见表 2－1）。

表 2－1　　商业地产投资形式及主要风险

投资形式	投资特点	主要风险
土地开发	流动变现性低，投机性高，依赖土地增值	土地使用制度改革，规划调整，需求变化，产业政策，地价调整，法律风险等
住宅	变化较活跃，变现性较高，租售可调整	住房制度改革，消费行为变化，购买力变化，利率变化，治安风险，按揭风险等
写字楼	收入固定，房价增值	产业政策变化，区域发展，管理风险
商贸设施	租赁收入，有限变现	交通调整，购买力变化，区域经济条件等
工业厂房	租赁收入，低变现性	政策变化，公众干预，技术风险等

商贸设施投资风险的特性有以下几种：

（1）多样性。商贸设施投资涉及面广，与政策、金融、宏观形势、城市规划、市场供求、产业技术变革等因素息息相关，由于易受多重因素的叠加影响，不同因素导致的风险也各不相同，这就造成项目投资风险往往防不胜防。

（2）综合性。商贸设施投资是一项繁杂的系统工程，包括经济趋势分析、市场供需分析、项目可行性分析、概念性规划、商业规划设计、建造施工设计、品牌招商计划、运营管理、财务控制等各个体系。在这些过程中，各体系之间又必须相互协同，协调统一，这就难免“挂万漏一”，一旦稍有不慎就可能一招失误而满盘皆输。

（3）补偿性。由于商贸设施投资的风险相比其他房地产类型更高，投资者一般要求在收益中对所承担的风险进行补偿，也称为风险溢价或风险回报。根据不同的项目类型，投资者对风险回报的要求也各不相同，合理的风险补偿设置有利于找准项目定位，为项目的持续繁荣奠定基础。从行业壁垒的选择效应上看，高风险行业总是能给理智的投资者带来超额利润，风险损失与风险报酬的二元抉择，使商贸设施开发企业处于背水一战的境地，只能把努力完善投资风险管理作为奋斗目标。

商贸设施从投资到运营需要经历很多阶段，特别是项目从论证、土地取得、商业设计、施工到整体开业的过程中，项目周期较长，不确定性风险较高，特别是项目进入筹备开业期，面临的市场环境、商业氛围、消费群体、运营成本等不断变化，需要决策人员进行周密、详细的科学分析。

很多出现问题的商贸设施，都是由于在分析过程中存在短视行为，忽视了商业运营过程中的长期风险。另外，很多企业和投资者并没有建立完善的项目论证制度，没有加强项目可行性分析和风险管理制度的全面落实，落入经验主义的陷阱。

第二节　商贸设施分析体系

一、区域层面

商贸设施分析最先应该关注的是区域层面的市场分析。区域市场分析关注的是相对较大的地理区域，包括都市圈组合、区域经济和城市情况以及交通、产业、文化等方面。这种区域层面的市场分析并不关心某一具体的拟投资项目或特定的商贸设施，当然在初步拟定了商贸设施类型的基础上，区域层面的分析往往会相对聚焦于这一区域内具有竞争性的商贸设施。

区域层面主要包括以下几个方面：

行政区划情况：国家为了进行分级管理根据有关法律规定，充分考虑经济情况、地理条件、民族分布、历史传统、风俗习惯、地区差异、人口密度等客观因素，而实行的国土和政治、行政权力的划分，并设置相应的地方国家机关，实施行政管理。行政划分以国家或次级地方在特定的区域内建立一定形式、具有层次唯一性的政权机关为标志。行政划分的层级与一个国家的中央地方关系模式、国土面积的大小、政府与公众的关系状况等因素有关。根据宪法规定，我国的行政区域划分如下：(1) 全国分为省、自治区、直辖市；(2) 省、自治区分为自治州、县、自治县、市；(3) 自治州分为县、自治县、市；(4) 县、自治县分为乡、民族乡、镇；(5) 直辖市和较大的市分为区、县；(6) 国家在必要时设立的特别行政区。

城市群情况：城市群是在特定的区域范围内云集相当数量不同性质、类型和等级规模的城市，一般以一个或两个（有少数的城市群是多核心的例外）特大城市（小型的城市群为大城市）为中心，依托一定的自然环境和交通条件，城市之间的内在联系不断加强，共同构成一个相对完整的城市“集合体”。城市群是相对独立的城市群落集合体，是这些城市城际关系的总和。城市群的规模有一定的大小，都有其核心城市，一般为一个核心城市，有的为两个，极少数的为三四个，核心城市一般为特大城市，有的为超大城市或大城市。城市群是城市发展到成熟阶段的最高空间组织形式，城市群的特点反映在商贸流通领域各城市之间消费市场的紧密联系、分工与合作和消费相互影响、人群互相流动、品牌商家相互渗透上。

产业发展情况：产业发展主要以三大产业为研究对象，通过系统分析和研究其内外环境以及相关因素，对产业现状进行深入剖析，对区域产业战略、产业定位与布局、重点建设项目、政策体系等内容进行分析，明确区域产业发展面临的机遇、挑战及优劣势，并对区域产业的未来发展提出科学预测，尤其是产贸融合相对比较紧密的商贸设施的分析中（比如产地型专业市场），产业发展情况的分析就显得尤为重要，与产业直接相关的是产业增长极理论。按照佩鲁的观点，在城市的经济活动中，“增长并非同时出现在所有地方，它以不同的强度首先出现在一些增长点或增长极上，然后通过不同的渠道向外扩散，并对整个经济产生不同的最终影响”。城市商贸设施的发展也主要源于设施集聚和设施发展水平的增长极推动，而这种推动并不是在所有城市区域内均衡发展的，它总是倾向于集中在一些特殊的区域，并呈现出某种特定的形态。由于这些区域是主要的发展方向，因此在这些区域周围投资新建商贸设施的成功概率要大大高于在其他地区的成功概率。而当某一地区的商贸设施相对饱和后，就会产生溢出效应，对其他区域产生连锁效应或带动效应，能带动其他地区商贸设施的投资建设或挤压其他地区的商业空间。这种具有带动作用的区域就是商贸引领区，或称为商贸设施的标杆区域，也就是说，整个城市商贸设施发展的风向标和新项目的竞争对手都会以此为依据。这些城市中不同的增长极，通过商贸设施建立起整个城市的商业竞争“联合体”，通过向内、向外的连锁反应，从区域间的不均衡到最终实现区域的均衡发展。

城市发展轨迹：城市发展轨迹分析主要立足城市建设空间的发展情况，对城市外迁、外拓、外延的方向，交通布局，功能分区等进行研究，明确城市发展的主要轴线，把握城市投资建设的未来主脉络，使商贸设施的投资建设与城市发展实现基本同步或提前布局。

政治和法律情况：区域商贸流通业规划情况、政府建设预期、土地开发模式、建设中存在的要求等。初步预测区域内商贸设施投资面临的政治环境、投资环境、经营环境、融资环境等，确定项目投资风险与机遇。

区域消费情况：因为各地区之间地理、文化、政治、语言、风俗、宗教的不同，消费者会表现出很大的差异性，因此，区域市场具有特定的辐射范围，也决定了区域消费具有一定的特殊结构。同时，一定区域内受人口总量、收入水平等限制，社会消费品零售总额往往在某一区域消费中具有一定的稳定性，短期内除非特殊情况，这些消费基础不会突然发生重大变化，而这一消费基础会较为稳定的被区域内的商贸设施按照竞争力水平进行分享。

二、城市层面

在人类历史上，城市的出现无疑是最具经济意义的商业集聚现象，是人类文明的主要组成部分，是伴随着人类文明与进步而发展起来的。而城市经济的本质，就在于其空间聚集性，商业聚集是城市形成、生存和发展的重要动力和基础。城，原本是指为防卫而围起来的城垣，是一种防御性的设施，可称为城堡、城池等，而这就意味着固定集中居民的诞生；市，则是指交易，即进行交换和贸易，市场是指进行商品交易和贸易的场所，而商贸设施就是这些场所的具体表现形式，只有有了商贸设施，人们才能有交易的空间。城和市原本并不是一个概念，正是商业的出现和发展，才逐渐促进两者的相互需要和融合。“商依城在，城因商兴”，在城市的产生和发展过程中，商贸设施发挥着巨大的推动作用。

城市的出现有“依城而市”及“因市而城”两种主要形式。无论在何种情况下，“城”的巨大人口产生巨大的商品交易需求，“市”的发展也越来越需要固定便利的场所和安全的环境、完善的设施，两者最终融合成了一个具有政治、军事、经济和生活、服务功能完整意义的城市。

（一）城市商业整体规模

1. 商贸设施规模

商贸设施规模是直接反映城市商贸流通业发展水平的重要指标。通过分析城市商贸设施规模以及与城市规模、经济规模、人口规模、消费规模等比例情况，可以比较系统的反映城市商贸设施的供需状况，掌握城市商贸设施的发展水平和发展潜力。一般情况下，流通业固定资产投资额可以整体衡量一个年度内城市商贸流通基础设施建设和更新改造投资的完成情况，部分体现了一个城市商贸流通基础设施的发展趋势。

2. 商贸服务从业人员规模

商贸服务业作为劳动密集型产业，对促进就业、维护社会稳定具有重要作用。城镇单位商贸流通业年末从业人员规模考察了城市流通业人力资源投入情况和吸纳就业能力，同时也可以间接地反映该城市商贸流通从业人员的竞争水平和组成结构，这对了解一个城市商贸设施发展水平也具有重要的参考价值。

3. 限额以上商贸企业经营规模

经营规模和资本规模是企业生产经营的基础，对企业的运营水平和盈利能力有直接影响，直接影响了商贸设施的发展水平和运营水平。限额以上商贸流通企业资本规模考察了商贸流通企业的资本投入和资金实力，可以通过对限额以上商贸流通企业的所有者权益来衡量。一般商业氛围浓厚的城市，商贸流通企业资本规模通常相对较大。

（二）城市商业产出规模

1. 社会消费品零售总额

社会消费品零售总额是企业和单位通过交易出售给个人、社会集团非生产、非经营用的商品金额，以及提供餐饮服务所取得的收入金额，由社会商品供给和有支付能力的商品需求的规模决定，是研究商贸零售市场产出的重要指标，也是研究城市商贸设施发展的重要指标之一。

2. 批发零售业购、销、存总额

购进、销售和库存商品是商贸流通企业最基本的经营活动，商品购销存总额考察了商贸流通企业在一定时期内的经营成果和经营预期。商品购进总额反映商贸流通企业从国内外市场购进作为转卖的商品总量；销售总额反映商贸流通企业在国内市场上销售商品及出口商品的总量。年末库存总额反映商贸流通企业的商品库存情况和对市场商品供给的保障程度，以及对未来的市场信心。与社会消费品零售总额相比，商贸流通企业的销售总额包括批发额和出口额，尤其针对大型商品交易市场这样的流通设施进行分析时，更能体现一个城市商贸流通业的商品流转规模和对外辐射能力。

3. 流通业增加值

增加值是企业生产过程中创造的新增价值和固定资产的转移价值，流通业增加值是流通业价值创造能力最直观的体现，也是城市地区生产总值的重要组成部分。尤其对于具有较强服务体验性的商贸设施、休闲旅游设施进行分析时，流通业增加值往往更能直观反映一个城市的特色商贸发展水平。

4. 货运总量

货运总量是一定时期内城市各种运输工具实际运送的货物数量，是反映运输业为国民经济和人民生活服务的数量指标，是研究商贸发展规划和速度的重要指标。货运总量是城市商贸物流体系总体运转情况的最直接反映，体现了城市货物流通方面的水平和能力。货运总量指标在分析以物流为特色的城市商贸发展时具有重要的参考意义。

（三）网点结构分析

网点结构指标可以反映商贸设施的内部结构特点。一般我们可以从市场结构、商圈结构、项目结构、所有者结构、竞争结构五个主要层面来描述城市商贸设施发展结构，明确目标城市商贸设施的发展特点和竞争结构。通过有针对性、有成效地进行结构分析，可以为城市商贸设施投资提供更合理、更科学的结构性选择，但由于目标城市在社会结构、经济发展水平、地域特征和城市功能定位等方面存在差异，因此所有城市的商贸设施结构不能一概而论，有些区域适合的结构换一个城市可能就完全失效，必须进行有针对性的分析。

1. 区域市场结构

区域市场结构反映城市内商贸设施的不同区域之间的集中度情况，一般用各商圈、各项目、各业种或各业态的商业设施规模、销售额、创收能力与城市总商业体量、总销售额、总创收的比重来衡量商贸设施的区域市场结构。一般认为某商圈、某项目、某业种或某业态的商业设施占比较高会在城市商贸设施发展中具有重要的引导作用，有时与商圈结构分析可以合并。

2. 商圈结构

商圈结构从城市商圈空间结构和商圈内部各业种、各业态的结构进行分析，反映城市中不同商圈之间的关系和竞争力水平，对分析商贸设施在城市不同区域间的地位具有重要作用。一般用商圈规模、商圈氛围、商圈交易量、商圈人流量、商圈租金水平、商圈空置率等指标进行衡量。

3. 竞争结构

竞争结构是从城市内同类商贸设施的项目规模、市场占比、项目运营水平等方面对城市同业种、同业态的项目进行对比分析，明确城市中商贸设施的结构特征，如商业街占比较高，综合体商业占比较低。随着城镇化进程的加速，一般来讲，大中型商贸设施的规模占比会快速提高，而小型商贸设施的空间密度会快速提高。

三、商圈层面

（一）商圈的概念与特征

1. 商圈的概念

商圈或称城市商圈是一种典型的商业集聚现象。作为一种协同发展的商业群落，商圈往往被视作城市商业繁荣的支点，因此要科学对商贸设施投资进行分析，就必须基于对商圈正确解读的基础上。商圈这一概念最早起源于德国，是由德国地理学家克里斯泰勒在 20 世纪 30 年代提出的。西方对商圈的理解偏重于商势圈的概念，特指零售店和商业设施的服务能力所能覆盖的空间范围，或者指来店消费顾客居住的地理区域。根据商圈理论，商圈的形成是由一定辐射范围的众多商业设施集合而成的，是某一区域范围内客流、物流、商流、信息流及资金流的汇聚地，因此应该将超市、购物中心等大型生活购物设施建设在能最大化辐射周边居民的中心地，比如居民小区的某个交通便利区域。由于商圈的存在，若干具有相似和互补功能的商贸设施会倾向于密集分布在城市的某一区域，在这一区域内部各项目之间会相互竞争、相互合作及相互促进，由于这种多个项目之间结构的复杂性和合理性，一方面可以在激烈的市场竞争中形成整体优势，另一方面也可以共享商圈整体的渠道价值及品牌效应，从而形成一个生态良好、活力巨大且功能完善的区域复合体，单个商贸设施既无法脱离这种竞争合作的商圈单独发展，也很难完全独占商圈中的消费空间。

2. 商圈特征

特征一：商业集聚地。商圈是一种特殊的产业集聚现象，是商业经济各种因素交互融合的场所和载体，从商贸设施和市场需求两个角度、身心体验多个方面高效发挥商贸流通的集聚效应。根据迈克尔·波特的竞争优势理论，产业在地理上的集聚可以更经济地获得专业化的投入要素和人力资源，可以更低成本的获取相关的市场信息，增强设施运营与市场需求之间的互补性，从而形成整体优势。商圈使大量相关企业在同一地点集中，共享区域内的城市公共设施和服务，同时发挥各自的商业功能；商圈内企业往往以商圈整体的身份进行广告宣传与策划，企业之间可以充分共享商圈的外部经济性，从而取得更好的经济优势。另外，在区域经济学中，产业集聚的优势也体现在产业集聚区内部的规模优势及分工优势上，除商圈可以为项目赋能外，好的商贸设施也可以为商圈赋能，提升商圈的档次和水平，带动商圈整体的商业氛围和收益水平。商圈作为一种因商业集聚而产生的设施集聚现象，其规模优势源于客流和商流的集中，商圈内企业掌握了零售终端的主导权，可以在品牌商和消费者之间建立一种最大化利益分享机制。商圈的分工优势主要体现在商圈内部品牌商户之间的差异化经营、多样化服务上，面对不同消费者的多层次、多方面的需求，各品牌商户以其自身特色与优势，吸引大量消费者，促进商圈繁荣。此外，产业集聚及商业集聚也会产生知识外溢，也称为信息经济性，尤其是进入数字经济时代，线上线下商业高度融合发展，以商业大数据为核心的消费行为分析、消费趋势分析可以为商户赋予巨大的信息价值。因此，品牌商户可以最大限度地共享管理知识、行业信息，进行相互之间人员流动及经验交流，同时也促进企业之间的竞争与创新。对于消费者而言，这有助于节约大量搜集、比较成本，提升消费体验。同时，从消费心理的角度来看，消费也具有很强的社交属性，往往可以通过商圈的设施集聚满足无形中的社交心理需求。此外，商业集聚也产生了辐射能力，促进本区域及相关区域产业的发展和调整，并能促进本区域众多商业企业之间的功能融合，产生组合经济效益。

总之，商圈像一个磁石，吸引和促进商贸设施与上下游形成战略联盟，增强个体商业企业的辐射能力，从而最大限度地促进商贸流通诸要素的良性运转和高效整合，形成良性竞争、互补竞争、信息共享、合作共赢的商业环境。

特征二：商业扩散源。商圈的扩散作用主要指商圈空间范围的辐射能力，是商贸设施利用各种条件和方法，将项目的吸引力与辐射力从核心向外扩散，从而在整体上增强商圈实力，扩大商圈空间影响力的作用。一方面，商贸设施都希望可以辐射到更远的空间区域；另一方面，商圈又反作用于商贸设施，为单个设施赋予其本身不具备的技术、资金、管理、知识、信息等优势，并形成更大范围的设施协作机制。按照商圈理论，商圈的建立往往依赖于便利的交通条件，使各种资源在交通交汇点高度集中，在设施集聚到一定程度后，必然会向外释放影响力，开始商圈的扩散。

商圈的扩散是在商业企业和商贸设施的主导下完成的，在一个城市表现为设施影响力的不断扩大，包括连锁商贸设施的新增和扩容。从商圈发展的一般路径来看，集聚仅仅是一个过程，扩散才是真正的目的，聚集是为了扩散，而扩散会进一步增强集聚，是维持集聚的必要条件。总之，商圈通过这种扩散效应，一方面促进了自身的发展和繁荣，另一方面也促进了整个城市的商业活跃度，进而促进整个城市的经济发展水平。

特征三：形象展示窗。商圈的形成和崛起是城市经济繁荣和文明进步的结果，同时也是城市彰显个性和展现魅力的窗口。在现代化的城市中，商贸设施是最能反映一个城市经济发展现代化水平和活跃度的因素，尤其是核心商圈越来越成为一座城市最繁华、商业氛围最活跃的中心地，成为城市的名片和标志。商贸设施由于其广泛的参与性及体验性，成为最能感受城市魅力的媒介，成为展示城市繁荣及形象的窗口。

商圈往往处于城市的繁华中心区，是市民购物、休闲及游客旅游的重要目的地，商圈的特色及形象，会给消费者留下最深切的印象，影响他们对城市的心理评价。另外，现代商圈的商贸设施越来越多地承担起形象代言的作用，高耸入云的建筑、流光溢彩的外表、绚烂多彩的灯光、便利舒适的内部空间等都成为城市的标志，代表了城市的发展水平和档次，如北京的王府井商圈、上海的徐家汇商圈、广州的天河路商圈、重庆的解放碑商圈等都成为城市的标签与代表。

如果聚焦于某一个独立商圈，又像一个小型的城市，基本的服务功能应有尽有，商业、商务办公、消费、娱乐、餐饮、休闲、交通等功能有机结合。现代商圈越来越突破“购物中心地”的概念，向着提供多样体验服务的城市综合体方向发展，是将商业、办公、居住、旅游、展览、餐饮、会议、文娱和交通等生活空间的有机组合，并在各部分间建立一种相互依存、相互助益的商业关系，为消费者提供多样化、高效率的消费体验，由于具备了“小城市”的完整功能，城市综合体往往被称为“城中之城”。

特征四：产业助推器。在现代产业中，以商贸业为代表的第三产业占据着越来越重要的地位，在主要发达国家中，第三产业所占比例已超过70%。随着我国产业结构不断优化，商贸服务业在我国经济中的基础性和先导性作用越来越凸显。因此，商贸设施不仅只是市场消费的载体，还更多地承担着产业创新的助推器作用。

产业发展是商贸服务业和上下游诸多产业相互作用的结果。商圈中商业设施的发展，业态结构的完善，配套交通体系的建设，营销活动的开展，休闲体验的升级等，都势必会引起并促进上下游产业的升级和发展，诸如地产业、交通运输业、广告业、策划业、娱乐业、金融业等诸多服务行业。商圈作为金融、贸易、设计、营销活动的中心，是承接第一产业、第二产业的前端和推动第三产业的中介，在推动产业结构优化调整中发挥着重要作用。商圈发展也是一种文化现象，文化是一个城市的内涵和核心竞争力，是城市商圈凸显特色的核心要素，是未来商圈设计开发的导演和未来城市发展的亮点。以旅游业为例，发达的旅游业可以为商圈带来源源不断的人流，并提高了商圈的影响力；同时商圈自身也会成为一个旅游景点，可以提高整个城市的旅游吸引力。

特征五：城市的领航灯。大型商贸设施的投资建设往往具有较强的政策导向性和前瞻性，对城市的扩张具有一定的引领作用。一方面，商圈在居民聚集区产生商业与服务的集聚，促进城市向新的区域扩张和发展；另一方面，商圈承接了城市重心转移产生的空心化空间，以商业的巨大活力，推动整个城市的持续繁荣。当然，商贸设施对城市发展的这种领航作用往往在投资建设的初期很难进行非常准确的判断，而且有时这种领航作用具有较大的模糊性。因此，战略层面的投资决策是一个不断完善的过程，涉及一个城市或一个经济地区、一个商圈的不同因素和力量之间的动态影响，必须从多个来源获取广泛多样的数据。随着决策者对市场信息的把握越来越多，决策就会变得更加明晰，将大型商贸设施投资决策过程理解为一个城市商业生态之间相互影响的产物对于做出理智而准确的商业决策是非常重要的。

（二）商圈分类及要素

1. 商圈分类

对于商圈的研究主要可以从人口、经济、交通及成长性等构成要素及不同的投资视角进行研究。

（1）区域型商圈：指在城市群或产业上下游中具有非常高的市场知名度，客户认可度和市场占有率较高，商圈范围可以辐射几个城市或更大的区域市场，这类商圈往往仅限于大型商贸设施、产地型批发市场、区域性物流基地等，虽然零售类市场中也有像香港、上海这样的区域型商圈，但往往更强调城市本身的力量，而不以商圈的形式进行分析。

（2）城市核心商圈：指在某一城市中具有较高市场知名度、客户认可度和市场占有率，商圈范围可以辐射全城的区域市场。

（3）城市副中心商圈：指在城市某个区域内占有一定优势，在区域内具有较高的市场知名度、客户认可度和市场占有率，商圈范围可以辐射整个区域市场。

（4）社区商圈：是指在城市的某一个或几个社区，根据社区规模进行设定的区域市场，比如城市中的社区商圈往往以 3 公里为半径，商圈在这一范围内具有较高的市场知名度、客户认可度和市场占有率。

2. 商圈的构成要素

商圈规模受人口规模、项目规模、配套规模的影响。在商圈的构成要素中，人口、交通、经济基础是构成商圈的基础条件，高质量的商贸设施是维持商圈持续发展的重要因素，而业态构成的差异是商圈特色的体现，商圈内同类型项目的集聚水平、经营水平、租金水平、盈利水平、品牌集中度等因素，都会直接影响到商圈的发展。

（1）人口、交通及经济基础。人口规模是商圈发展的充分必要条件。有研究者总结，一个商圈的规模应与其辐射的人口规模相当，国际人均商业面积为 1～1.2 平方米/人，如果一个区域内的人口明显不足，则很难维持商圈的稳定运行和发展。不同的零售业态所要求的人口规模也不尽相同，以购物中心为例：在欧洲，人均购物中心面积较低，最高的挪威，这一指标为 0.7 平方米左右；而在美国，人均购物中心面积指标则高达 2.2 平方米；在中国香港，由于人多地狭，人均购物中心面积在 1.4 平方米左右；有统计数据显示在我国大陆区域的一、二线城市中，人均购物中心面积在 1.5～2.5 平方米。

在商圈的发展过程中，便利的交通可以带来物流的便利，带来更多的人流，因此，交通因素往往是一个巨大的促进因子。

经济发展对商圈具有举足轻重的影响。一定的经济水平对促进消费结构升级具有巨大的促进作用，对于包含购物中心、百货商店、大型批发市场等的现代商圈而言，只有人均 GDP 在 6 000 元左右时，百货商店才能得到良好的发展；当人均 GDP 超过 12 000 元时，会开始选择购物中心或更高等级的商业设施和商业业态；当人均 GDP 超过 20 000 元时，人们对商贸设施的需要将更趋个性化、主题化和多元化。

（2）业态及设施类型。业态是生态学概念在商业领域里的应用，是指商圈内企业选择经营的商业类型。按照这一定义，业态结构的合理性是指商业类型与周边消费的适应性，这种适应性表现为商业生态的稳定性和创新性。因而，商圈的业态结构往往是商圈特色的重要体现，也是商圈竞争力的重要因素之一。

根据近年来我国零售业发展的趋势，商务部组织国内有关部门对原《零售业态分类》标准进行修订，并制订了新的零售业态分类标准，见表 2－2。该标准已经国家市场监督管理总局和国家标准化管理委员会批准并发布，替代了原 GB/T 18106－2004 标准。本标准与 GB/T 18106－2004 的主要差异如下：增加了折扣店、无店铺销售等业态，并对购物中心的种类进行了细分，由原来的 9 种业态分类扩大到 17 种，并对每种业态的经营方式、选址、商圈、规模、商品结构、店堂设施、目标顾客及服务功能等规定了相应的条件，为政府部门制订商业网点规划，科学引导零售业发展提供了技术标准，也为商业企业准确进行业态定位和理性投资提供了依据。

表 2－2　　国内零售主要业态

业态	特点		
	辐射范围	规模	商品（经营）结构
食杂店	辐射半径 0.3 公里，目标顾客以相对固定的居民为主	营业面积一般在 100 平方米以内	以香烟、饮料、酒水、休闲食品为主
便利店	商圈范围小，顾客步行 5 分钟内到达，目标顾客主要为单身者、年轻人。顾客多为有目的的购买行为	营业面积 100 平方米左右	以即时食品、日用小百货为主，有即时消费性、小容量、应急性等特征，商品品种在 3 000 种左右，售价高于市场平均水平

续表

业态	特点		
	辐射范围	规模	商品（经营）结构
折扣店	辐射半径2公里左右，目标顾客主要为商圈内的居民	营业面积300～500平方米	商品平均价格低于市场平均水平，自有品牌占有较大比例
超市	辐射半径2公里左右，目标顾客以居民为主	营业面积在6 000平方米左右	经营包装食品、生鲜食品和日用品，食品超市与综合超市商品结构不同
大型超市	辐射半径2公里以上，目标顾客以居民、流动顾客为主	实际营业面积在6 000平方米以上	大众化衣、食、日用品齐全，一次性购齐，注重自有品牌开发
仓储式会员店	辐射半径5公里以上，目标顾客以中小零售店、餐饮店、集团购买和流动顾客为主	营业面积6 000平方米以上	以大众化衣、食、日用品为主，自有品牌占相当大比重，商品在4 000种左右，实行低价、批量销售模式
百货店	目标顾客以追求时尚和品位的流动顾客为主	营业面积6 000～20 000平方米	综合性、门类齐全，以服装、饰品、鞋类、箱包、化妆品、家庭用品、家用电器为主
专业店	目标顾客以有目的地选购某类商品的流动顾客为主	根据商品特点而定	以销售某类商品为主，体现专业性、深度性，品种丰富，选择余地大
专卖店	目标顾客以中高档消费者和追求时尚的年轻人为主	根据商品特点而定	以销售某一品牌系列商品为主，销售量少、质优、高毛利
社区购物中心	辐射半径5～10公里	营业面积为5万平方米以内	20～40个租赁店，包括大型综合超市、专业店、专卖店、饮食服务及其他店

续表

业态	特点		
	辐射范围	规模	商品（经营）结构
区域购物中心	辐射半径为 10 ~ 20 公里	建筑面积 10 万平方米以内	40 ~ 100 个租赁店，包括百货店、大型综合超市、各种专业店、专卖店、饮食店、杂品店以及娱乐服务设施等
都市购物中心	辐射半径为 30 ~ 50 公里	建筑面积 10 万平方米以上	200 个租赁店以上，包括百货店、大型综合型超市、各种专业店、专卖店、饮食店、杂品店及娱乐服务设施等

资料来源：零售业态分类标准（2010 年新版标准）。

此外，商圈业态也是表现商圈档次和现代化程度的重要指标。在现代商业的发展过程中，为适应不同时代的消费需求，不同的业态依次出现，如百货店出现在物质产品不太丰富的阶段，以其商品种类齐全的特点吸引消费者；连锁超市的出现迎合了消费者对价格低廉和便利性商品的需求；购物中心则为中高收入者提供了一种休闲娱乐购物一体化的场所。因而，以不同业态为主的商圈也展现出不同的档次，如传统商圈以步行街、专卖店、社区底商为主，现代商圈则主要以百货、购物中心、大型超市为主，而现代化程度更高的商圈则开始出现城市综合体主导、主题商业街辅助、各类特色商业补充的发展现状。

（三）商圈成长性

商圈成长性是商圈随着经济社会的发展，而不断创新进步的能力指标。不同的社会发展阶段，不同的消费水平，商圈会呈现出不同的成长性，这种成长性具体可以体现为营业面积的增加、经营类型的丰富、管理水平的提高、经营环境的改善及顾客满意度提高、经营效益提升等各个方面。

影响商圈成长性的因素中，第一因素是人口增减。如果商圈消费人口不断增加，商业面积也势必需要相应增加，而随着商业面积的增加，商圈的集聚程度会进一步提高，其商业影响力会不断增强，商圈辐射力也会增大，辐射更多的消费者，反过来又促使更多消费者向商圈集聚，形成良性的商圈成长路径。这种循环不断进行下去，商圈的繁荣程度就会不断增强，这也是商业发展的马太效应。以中国香港为例，随着人口的不断增加，香港的商业面积及购物中心数目不断增加，最终逐渐形成了今日的购物天堂，使整个香港都成为一个大商圈，而这一购物天堂又将其辐射范围扩大到中国大陆、东南亚，甚至欧美等国家，为其带来了大量的旅游消费者，这些旅游消费者又为香港商圈的发展注入了新的活力。反之，如果商圈人口持续递减，商圈的成长性势必减弱，最终失去商圈影响力，例如一些旧城区的核心商圈，随着人口郊区化加剧，旧城商圈逐渐失去了往日的繁荣景象。

商圈创新能力也是影响商圈成长性的重要因素。人们对美好生活的追求随着社会发展而不断变化，商圈就需要在设施类型、商户品牌、商品档次、业态结构、服务及环境上不断改进和创新。一个具有较强创新力的商圈，会表现出在商业领域的引领性，其往往具有城市商业风向标的作用。一个高创新力的商圈可以在不断变化的商业竞争环境中保持活力，而不会因为时代的发展而停止发展的脚步，反之一个缺乏创新力的商圈往往会故步自封，使自己在多变的市场竞争面前败下阵来。

（四）商圈等级

商圈等级与商圈的规模、商圈历史、商圈中的标杆项目具有紧密的联系。一般而言，商圈规模越大，商圈的吸引力越大，商圈的辐射范围越广，商圈的市场价值也越高。按照功能定位、辐射能力、目标服务对象、规模体量等因素的不同，一般将城市商圈划分为都市级、区域级和社区级三个等级，见表2－3。

表2－3　城市商圈不同等级特征

	都市级商圈	区域级商圈	社区级商圈
区位特征	城市中心区、主要交通枢纽、历史形成的商业聚集区	位于居民聚集区、交通枢纽、商务聚集区	位于居民社区，核心商圈1～2公里以外的区域

续表

	都市级商圈	区域级商圈	社区级商圈
功能特征	行业齐全、功能完备，形成购物、餐饮、旅游、休闲、娱乐、金融、商务等的有机集聚	功能比较齐全，区域辐射优势比较明显	提供居民日常生活必需品和生活服务
商业特征	商业网点相当密集、市场极具活力，商业最为繁荣，辐射能力极强，商业面积巨大	网点比较密集，结构合理，商业营业面积在10万平方米左右，能基本满足区域内居民的购物、餐饮、休闲、娱乐和商务活动需要	商业网点一定程度集中，营业面积在2.5万平方米左右，提供一般的餐饮、娱乐、购物服务
客流特征	交通方便，客流量大，日常客流量一般在30万人次以上，区域消费人口占比大	服务人口在20万左右	服务人口在5万人左右，外来社区人流占比较小
业态特征	业态齐全，资源配置合理，市场细分程度高，选择余地大	业态丰富，以百货店、专卖店为主	业态比较集中，以超市、小型专卖店、便利店为主

都市级商圈是指商业高度聚集、经营服务功能完善、辐射能力强、辐射范围超广域型的商业中心，是城市中具有最高等级的商业“中心地”。区域级商圈是指商业中度集中、经营服务功能比较完善、服务范围为区域型的商业中心，主要为某一区域的消费者提供服务。社区级商圈是指商业有一定程度集聚，主要为居民提供生活必需品的商贸设施和生活服务业的项目集聚区。

根据表2－3中城市商圈的等级特征，可以总结得出商圈等级划分（见表2－4）。

表2－4　城市商圈等级划分

商圈	服务对象	需求类型	服务人口	商业规模	基本设施与业态
都市级	国内外及本市消费者	综合	30万人以上	20万平方米以上	大型购物中心、高档百货店、专卖店、休闲娱乐中心

续表

商圈	服务对象	需求类型	服务人口	商业规模	基本设施与业态
区域级	本地区及外来消费者	综合	20万人左右	10万平方米	购物中心、百货店、文化娱乐、餐饮等
社区级	本社区居民	必备	5万人	2.5万平方米	超市、便利店、餐饮、服务

根据城市的不同规模，往往会形成以少数几个都市级商圈为龙头，数个区域商圈为主体，多个社区商圈为补充的商圈格局。都市级商圈往往位于城市最为繁华的核心区，是城市商业综合服务的聚集地，代表了城市的商业形象，如北京的东单、西单商圈，上海的人民路商圈，重庆的解放碑商圈，深圳的华强北商圈、杭州的武林、湖滨商圈等。

对所有商贸设施的分析必须最终基于一个确定的商圈。不同类型的商贸设施具有不同的商圈规模，例如杂货店的商圈就通常要比城市综合体的商圈要小得多，而批发市场的商圈就要比大多数零售设施的商圈要大得多。

（五）商圈划分方法

商圈一般可以按照行政区划和功能区划两种划分方法，但两种划分的差异有时非常微妙。以某个零售商圈为例，一家便利店可能位于一个行政商圈，其商圈可以用半径和驾车时间为标准进行划分，按照两种标准划分方法形成的商圈一般来讲会存在较大差异。再如，对商品交易市场的商圈划分，如果以功能区域为标准，其商圈在行政区划上就不一定是紧密联系的，这类商圈在分析中就不能使用简单的行政区划标准，而要转变为更大范围内的功能标准。

由于按照功能划分与行政划分未必相同，因此，需要按照功能区划分的商圈类型就不能使用政府行政部门的普查数据，如行政区划标准通常不适合小型零售店的选址，因为对小型零售店来讲，其功能区往往要小于某行政区域。这就要求在分析时，必须先考虑该类型的商贸设施适合于哪种类型的商圈划分标准，以及如何在功能性市场区域与行政区域之间进行数据匹配，这就要求必须掌握将行政区域数据转化为比较实用的功能区的工具。

在对商贸设施进行投资分析时，所选择的功能区边界会受到许多外部因素的影响，必须综合考虑能为其带来大部分业务的地区，以支持功能商圈的划分，如物业的用途、位置、当地竞争状况、交通及道路格局和自然河流、山脉及其他因素。

下面是几种常见的商圈划分方法：

1. 行政划分法

行政区划分法由于其操作简单，数据易获取，常被作为评估一个区域商圈的首选方法。在分析过程中，往往会直接按照标准行政地理区划（如人口普查单位和邮编区）进行统计。该方法的缺点在于并没有反映出真实的市场辐射范围或某一个区域的真实商圈能力。也就是说，在进行商贸设施分析时，如果直接采用行政区划分法进行分析，会存在商圈辐射偏大或偏小的较大误差，得到的结果难免浮于表面而缺乏市场说服力。为此，在实际分析时会尽量将行政区域数据向功能区数据进行转化，其中人口统计数据和经济数据以一般行政区域为单位来采集和公布，许多 GIS 软件都可以通过一种或多种方法将行政区域数据转化为功能性区域的数据。

2. 质心法

这里质心指的就是商圈的消费核心，即假设在某一特定的地区内所有的消费人口站在一张特定的地图上所产生的消费力重心。如果商业功能区边界正好与所在行政区域（如人口普查单位）相重合，从该普查单位获得的整个数据就会产生功能区划的质心数据。当采用 GIS 程序计算时，这种方法相对来说比较快，因为这几乎不涉及计算，但是该方法与行政区划法存在同样的缺点。

3. 交叉法

交叉法针对功能区边界与所涉及的行政区域有所交叉（如人口普查区或者人口普查区范围外的一部分）的问题进行改良，通过对部分交叉数据的多方验证，使这些交叉数据可以被包含在所要分析的功能区域内，从而比行政区划法有一定的改进。

4. 中心法

这种方法类似于质心法，差别在于，如果功能性边界包括行政性区域的地理中心，该法也包含其中的数据，很多 GIS 软件使用该方法。当在行政区域层次上使用这种方法时，一般认为其能提供相对准确的数据。

5. 比例法

在这种方法中，通过估计位于功能区界线内的消费力占整个行政区域的百分比，并将这一例应用于数据分析中。例如，如果预计该功能区包含行政地理区划的30%范围，那么在这个区域中的所有数据，如人口和总收入、总支出等都应该乘以0.3的系数。比例法估计，尽管并不完美，但是它比质心法要更加准确，而且如果数据的分布在功能性区域界线内相对均匀，数据本身又是同质的，采用比例法分析的效果较好。

6. 半径法

在对商贸设施进行投资分析时，另一简单和常用的商圈划分方法是按照项目辐射的半径范围划分。例如，大型超市的经验做法是计算半径3公里内的人口数量；而一个地区性购物中心，需要按照半径5~10公里或更远半径计算。该方法也具有简单易操作的优点，但缺点也十分明显，由于城市空间不可能是规则的圆环，有些带状城区并不能非常严格的通过圆环得到很好的体现，尤其是区域内交通条件各不相同，使用半径法得到的结果往往局限性较大。

7. 商业带法

商业带方法依赖于街道和交通系统来测量与项目地点之间的距离。假设超市可以为距离5公里范围内的消费者提供服务，在分析时，就会选择沿主干道和次级街道标出行车距离5公里的外围点。通常这种方法为市场功能区域创造出比较科学的发展轴路模式。

8. 圆环图法

另一种商圈划分方法是用圆环图的形式，即用圆环图定义出某一区域的多个功能区划，而每个功能区域都涉及几个半径范围不同的区域，同时对应着总潜在辐射空间内的相关数据指标，分析时需要给每个圆环按照不同的比例进行分配，较多情况会采取百分比的形式。例如，某商圈半径范围大约3公里以内50%的人将会在某一项目购物（一类区域），但对同一项目地点半径3~5公里的区域内，分析发现只有20%的人可能成为顾客（二类区域），5公里以外可能只有10%的人会成为顾客。这就从概率上对区域顾客的消费进行了科学统计，该方法与半径法存在相同的优缺点。

9. 驾车时间法

驾车时间法综合了各种交通变量，如路面类型、拥堵程度、速度限制、其他因素和人们期望驾车多远能到达目的地的消费意愿。例如一个投资者可能想知道在拟投资的商贸设施周边，5 分钟行车范围内的家庭数量有多少。这种方法经常会与地理信息系统相结合，并采用相关的数学模型进行计算。分析人员只需要确定要分析的驾车时间，然后系统会自动画出驾车距离的多边形，当然也可以考虑各种交通变量手工画出该多边形。

10. 功能多边形法

在商圈的划分方法中，有时分析人员会根据商圈现状画一个多边形功能区，这个多边形是以某一核心设施为中心，一旦画出这样一个确定的多边形，那多边图形边界内的所需数据也就可以估计得出，因为它考虑了像自然障碍和其他竞争对手这样的主观影响因素，在实际结果上比其他方法更有优势，但由于这种方法较多依靠分析人员的经验和主观判断，因此不适合广泛应用。

四、项目层面

在项目层面，投资者需要综合考虑地段、空间、规模、布局、建筑物的质量以及与上下游供应商、品牌商户或消费者之间的关系。

一般项目层面的决策可以分为 4 种决策类型：

（1）获取决策：首先是设施的获得方式（租赁、购买或其他方式），应该考虑投资新建、收购还是租赁设施的方式，需要哪种设施、多大空间、什么地段、获取过程如何等问题。

（2）持有决策：持有决策应考虑设施全生命周期的运营管理，包括财务支出或者营收情况，考虑是否融资、融资成本、租赁期限、业务增长或缩水等。

（3）运营决策：运营决策是商贸设施最重要的决策内容，事关设施长期、持续的管理模式与盈利计划，包括但不限于如何布局、招商、运营和后期处置的决策。当大型商贸设施进入运营决策时，应重点考虑如何最大价值的发挥设施作用。

（4）处置决策：处置决策是针对投资者不需要持有设施和不计划持续经营时如何对设施进行后期处置的问题，这涉及何时、如何以及什么价格处置这一设施的决策。

以上 4 个重要决策都需要基于对租赁市场和交易市场的因素分析。

（1）租赁市场。在任何给定的时间和区域，现有的和潜在的商业用户对承租商贸设施的需求，称之为租赁市场。租赁市场受产业发展、收入增长、人口增长、城市扩容等因素的影响，与现有商业设施的供给一起影响了租赁市场需求的价格，即“租赁价格”，也称为“市场租金”，见图2－1。当然，不同市场中不同类型商业设施的市场租金是截然不同的，即使是同一商业设施中不同楼层或不同位置的市场租金也是不一样的。

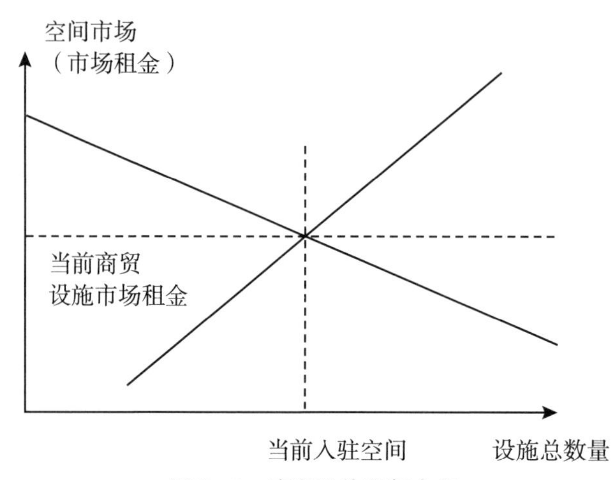

图2－1　商贸设施租赁市场

（2）交易市场。根据期望收益与其他投资品种的比较，商贸设施的投资市场会产生二次交易的实际需求。也就是说，资本会选择商贸设施作为投资对象，而设施必须能够匹配现有的投资供给，这包括业主自有空间（因为用户可能会决定出售建筑或对它进行回租）和二手交易空间。商贸设施投资需求和现有可供应的空间之间相互影响，产生市场出清价格，也称为“交易价格”。交易市场中的投资价格一般会与设施能够获得的净租金收入或营业净收入（*NOI*）紧密相关，同时与投资者愿意为这样的净收入水平的资本支付率（资本化率）紧密相关，两者的比值共同构成了投资者愿意为此设施支付的总金额。

交易价值用 V 表示，可以用净租金收入（或者营业净收入）*NOI* 与资本化率（R）的比值计算出投资价值，用下式表示：

$$V = NOI/R$$

资本化率揭示了投资者对营业净收入和设施价值增长的期望，但资本化率仅能为投资者的支付金额提供一个粗略的参考标准。如果预期营业净收入随着时间增长有限的话，投资者会希望以更低的资本化率购买一项商贸设施。

商贸设施的空间市场和交易市场虽然是两个完全不同的市场，但它们又紧密联系，虽然市场租金和租约条款主要由空间市场决定，但是资本化率和物业价值却主要是由交易市场决定的。商贸设施的价值会因为其中任何一个市场的影响而发生变化。例如，可支配收入增加会引起消费市场更大的需求，必将推高市场租金水平，在同样资本化率的情况下，设施价值就会表现的更高，也就是价值的上升直接受到空间市场的影响；另外，如果金融市场上利率和债务资本的成本降低，导致在同样营业净收入情况下，投资者更愿意接受较低的资本化率，这样就会有更多的投资者愿意以更高的价格投资同一设施，而这时设施价值的上升是因为投资者受资本市场的影响。这一受空间市场和交易市场相互影响产生的比率称为成本资本化率，有时也称为成本租金常数。在 *NOI*、价值和市场资本化率的公式中，市场资本化率是一个百分比；在 *NOI*、价值和成本资本化率的公式中，成本资本化率是一个百分比。而市场资本化率和成本资本化率的差额通常决定了开发商的收益。

例：假设一个开发商正在考虑用预计总成本 10 亿元建造一个项目，可比物业的市场资本化率是 8%，同时该开发商对市场资本化率和成本资本化率的差额目标是 200 基本点，即 2%，换言之，开发商希望成本资本化率是 10%，这也就意味着以 *NOI* 作为成本的百分比是 10%，即 1 亿元，因此该开发商的收益将是市场价值和项目总成本之间的差值。即：$V1 = NOI/R -$ 成本，市场价值 1 亿元 $NOI \div 8\%$ − 项目总成本 10 亿元 = 开发商收益 2.5 亿元。

试计算下例：一位投资商要开发某一大型商场，第一年营业净收预测为 1.2 亿元，市场资本化率为 9%，预计建设成本 4%，项目总成本 11 亿元，问：对于该开发商，当此项目完工时潜在利润是多少？

（3）盈利性匡算。由于商贸设施具有持续经营的特性，从盈利性的角度考虑项目投资是大多商贸设施投资决策的重要依据，在项目投资的初期可以用如下的现金流公式分析项目投资的财务可行性：

$$净现值\ (NPV) = 初始投资 + 未来现金流的现值\ (PV)$$

初始投资：初始投资是投资成本的一部分，受市场状况的直接影响。初始投资包含为实现商贸设施正常运营前所实际支付的全部价款，包括土地出让金、租金、税金、手续费、建设成本、装修成本、招商成本、宣传成本、人力成本等相关费用。初始投资会受到商业氛围、地段、规模、竞争情况的影响，此时在分析过程中的实地考察所得到的知识和数据，对科学、客观地分析一个特定市场中商贸设施投资决策是非常重要的。

未来现金流的现值（*PV*）：未来现金流量现值（*PV*）是投资者持有商贸设施后通过经营，或者持有负债在正常的经营状态下可望实现的未来现金流量的折现值。商贸设施的未来现金流更多来源于物业的租金收入、销售收益、服务收入、品牌广告收入、其他收入等。由于大型商贸设施大多以长期运营为目标，其未来现金流表现为对未来某一时间段内（比如10年、20年，或40年）一系列时点的收入累计，为了在这些未来现金流进行合理化分析，就必须将未来收入贴现成现值。

此公式用T型表，如表2-5所示。

表2-5　　现金流T型表

年末	现金（¥）	
0	初始投资	收益1
1	现金流1	收益2
2	现金流2	收益3
3	现金流3+	销售收益

现金流公式和T型表代表的是根据充分假设的一种经典分析方法，假设的充分性会直接影响分析结果的质量。

资金的时间价值是理解投资分析的基础，它会贯穿在投资分析的始终，并且也是进行其他财务分析的基础。未来现金流量现值的计算过程涉及公允价值的五个方面要素：对一系列发生在不同时点的未来现金流量的估计；对这些现金流量的金额与时点的各种可能变动的预期；用无风险利率表示的货币时间价值；内含于资产或负债价格的不确定性；其他难以识别的因素，如资产变现的困难与市场的不完善。其中最为重要的是三个因素：未来现金流量的期望值、未来现金流量的期望风险和货币的时间价值。据此现值的计算基本公式如下：

$$PV = \sum [CF_n \times (1 - r)]/(1 + i)m$$

变量说明：*PV*＝未来现金流量现值；

$n=1,\ 2,\ 3,\ \cdots,\ n$；

CF_n = 第 n 年的现金流量；

r = 现金流量的风险调整系数；

i = 第 n 年的无风险贴现率。

为了确定所有现金流的现值，必须事先约定一个贴现率。这个贴现率随市场和风险而变化，它是宏观经济、未来预期、物业质量、地段、物业类型、经营模式的一个函数。

贴现是确定未来所获得的资金收入（单一金额或定期支付）其现值的过程。现值反映的是为了避免一段时间的等待而会损失的收入，现值由终值按照一定的贴现率（即时间的机会成本）计算得出。贴现率是指将未来支付改变为现值所使用的利率，或指有商贸设施收益的投资者以没有到期的预期收入向银行或其他金融机构提前兑现过程中，银行将利息先行扣除所使用的利率。这种贴现率也指再贴现率，即各银行或金融机构将此类商贸设施作为担保，向中央银行或第三方借款人融资时所支付的利息。一般会用比当时零风险的利率稍高的利率来作为公允贴现率，当然某一时间的贴现率会根据实际情况产生上下浮动。另外，有时还会涉及复利的计算，复利是指确定一项投资的现期投资款（现值）和/或者一系列的定期等额支付额（定期支付额）的终值的方法，复利计算的假设前提是所获利息会在整个投资期内继续再投资以获得额外收入。

由此，我们可以建立基于资金的时间价值 T 型表，这与前面 T 型表的原理相同，见表 2－6。

表 2－6　　资金时间价值表

期数	金额
0：初始投资	现值
1：第一期	定期支付额
2：第二期	定期支付额
3：第三期	定期支付额
……	……
n：第 n 期	定期支付额＋终值
n = 投资持有期内得利或贴现计算的总次数	
i = 每期的利率或者贴现率，通常以年百分比表示	

一般情况下财务计算器都可以直接求得资金的净现值。

例：为了投资开发一处大型城市综合体，一个投资者今天花费 10 亿元购得一块土地，估计该资产会以每年 9% 的速度增值，那么在第 10 年年末该项目的估值是多少？

在商贸设施中，使用更多的是租金的形式，而租金是在特定时间周期内一系列定期等额或规律递增的支付方式，这种方法是典型的复利计算。

例：如果每年年末需要支付租金 1 万元，租期为 10 年，现在的市场贴现率为 8%，以年计算复利，在第 10 年年末支出的总租金为多少？

今天得到的 1 元钱会比未来得到的 1 元钱具有更大的价值，这是一种经济学假设，主要有以下几个原因：第一是无风险收益。现在可以得到的钱是没有风险的，而今后得到的钱是在承担风险的情况下才能得到的，换句话说未来可能得不到。第二是较高的购买力。今天手中的 1 元会因为未来的经济发展（经济会越来越好的假设）或通货膨胀而相对未来可以买到更多的商品或服务，由于现实社会中经济的发展总体上总是向好的，所以通货膨胀的概率始终存在。第三是机会成本。今天用手中的 1 元可以进行投资，赚取利息或租金，因而在未来的某一时点获得的金额就会大于 1 元。相比较而言，未来 1 元只有在得到以后才能产生利息，因此损失了赚取利息或租金的机会，我们称之为机会成本，这与资金的时间价值息息相关。选择某一投资项目的成本就是放弃次优项目所损失的利润，另一项经营活动应取得的收益或另一种收入即为正在投资的商贸设施的机会成本。

通过对机会成本的分析，可以帮助投资者正确选择投资项目，其依据是实际收益必须大于机会成本，从而使有限的资源得到最佳配置，对某一投资者而言，其资金的机会成本就是选择某一投资项目而放弃另一项目所损失的回报率。

第三节　商贸设施融资模式

商贸设施的投资运营属于资金高度密集型投资产品，因此融资往往是项目的必然选择，融资涉及的专业知识非常庞杂，主要包括资金从哪里来，什么样的资金结构最经济、最科学，资金的归集方式与风险管控等。

这看起来似乎就与一般贷款没什么差别，但事实上，大型商贸设施由于资金需求量大，投资周期长，有许多不同形式的贷款渠道或贷款组合都适用于同一项目，投资者除了选择贷款人和贷款结构以外，还必须能够通过一整套完整的贷款申请方案来帮助贷款人确定贷款的可行性，并实现风险管控；贷款人会运用各种承销标准以及金融分析手段来评估项目的金融价值，从而确定贷款的可行性；投资人也可以通过类似的方法来分析项目的投资回报。

一、项目贷款

项目贷款是指开发企业以项目本身为抵押物，向银行或其他金融机构申请的专门用于设施开发建设的中长期贷款。开发贷款期限一般不超过3年（含3年）。贷款原则上采取抵押担保或借款人有处分权的土地产权、国债、存单及备付信用证质押担保方式，担保能力不足部分可采取信用担保方式。

开发贷等银行融资模式尤其是对中小开发企业，是其投资商贸设施的主要资金来源，银行机构的资金融通能力是项目开发建设的保障。近年来，国家对房地产市场加大政策调控力度，一步步降低了房地产开发建设的杠杆系数，要求开发商自有资金的投入占比越来越高，尤其是在紧缩的房地产信贷政策下，以设施本身作担保获得贷款的难度不断增加，这就使得大量中小商业地产开发商陷入资金不足的困境。

有些中小型开发企业也会采取民间过桥贷款的方式进行融资，通常是一种过渡性贷款。在项目前期，开发资金短缺、主观或客观无法进行股权合作、银行信贷政策限制等原因导致企业无法直接获取开发建设资金。过桥贷款的引入可帮助企业顺利过渡，架起自有资金与开发贷款之间的桥梁。但是过桥资金的成本较银行开发贷要高出许多，企业应根据自身情况谨慎选择。施工单位垫资也是部分投资方经常采用的间接融资模式，是指从施工方进场施工开始，发包方由于前期资金到位不足等问题先行利用施工单位的自有资金入场，待工程进度达到一定水平后再由发包方支付前期由施工单位垫付的工程款。这种融资方式是基于发包方在合同中的强势地位，也是实际工程建设中常用的资金操作方法。

二、信托基金

信托基金是将大量投资者的资金汇集起来，当达到一定的规模后就可以成为信托资产，并由专业的投资管理机构对信托资产进行管理，在投资获得收益以后，按照投资者的出资比例，对收益进行分配，当然，在投资过程中存在的风险，也要由各投资者共同承担。投资者与投资管理机构签订合同，将信托资金委托给投资管理机构。投资管理机构采用不同的方式，将资金用于商贸设施的投资，包括贷款、股权投资等方式。如果所投资的商贸设施具有比较稳定的收益预期，就可以采用信托基金的方式进行融资，这种方式在酒店、办公楼、商业综合体、商业街、旅游等项目中都在使用，但究其根本是要求投资管理机构具有非常强的投资甄别能力，可以从大量投资项目中甄选出合适的投资项目，规避掉存在较大投资风险的项目。

三、售后回租

售后回租是将自建或外购的资产出售，然后向买方租回使用。回租是承租人将其所拥有的物品出售给出租人，再从出租人手里将该物品重新租回，此种租赁形式称为回租，采用这种回租方式可使承租人迅速回收投资时垫付的资金，加速资金周转。这种融资方式由出租人与承租人签订合同，前者按照后者的要求，购买其设施的全部或部分，再将其出租给后者，并由后者统一进行招商运营。在大型商贸设施中这种模式也是比较常见的。通过这样的方式，开发商不需要花费太多的时间，就能够将固定资产转化为现金，用于企业周转，从而使资金短缺的情况得到有效缓解。有些商贸设施的开发商虽然有比较好的商业项目，但苦于没有足够的后期运营资金，往往会采用售后回租的方式进行周转。但在实际操作过程中，售后回租有时也会演化成各种“打白条”行为，由于开发商有时出售的目的只是为了“套现”，而对真正回租后的项目经营好坏并不在意，“回租”变成了开发商加快资金回笼的手段，有些开发商甚至不惜给出高额的预期回报，至于是否真的能够实现或承诺无法兑现时应该如何应对，则完全没有考虑。

有时，售后回租也会采取与租赁方股权合作的模式，股权合作模式既可以有效地解决开发项目前期自有资本金投入不足的问题，也可以使出售方更好地参与到项目的后期运营过程中，联合开发的模式也分散了投资方和购买方的风险，成为紧缩信贷政策下项目开发的一种方式。主开发商在保证对项目公司绝对或相对控股的前提下引入其他投资方，并保证以项目公司为核心进行项目开发运作，然而股权合作开发的模式往往会导致股东之间、股东与项目公司之间存在着复杂的法律及权属关系，合作过程中也容易因某一股权方的不配合而损害了整个项目的利益。

四、私募基金

私募是一种常见的证券发行方式，私募发行者在发售私募产品时，面向的对象是极少数的特定投资者。尽管参与私募基金的股东比较少，但每位股东的出资金额都比较大，所以能够使私募的项目质量和资金规模都得到保障。通过私募资金的方式，可灵活的选用投资策略，不需经过层层审批，也不会受到严格的监管。从目前情况看，市场上的私募项目主要有两种类型：最常用的一种是由商业设施投资运营企业发起，设立基金是为了自己的项目，私募所得资金也会投资到自己的项目中；还有一种是独立私募基金，其发起人通常是专业的房地产投资机构，这类机构对商贸设施的运作十分熟悉，要求发起人具有非常强的商贸设施投资和运营管理经验及专业化团队。

五、资产证券化

资产证券化是我国最近几年才出现的融资模式，基本分为三种：信贷资产证券化、专项资产证券化和资产支持票据（ABN）。对商贸设施投资者而言，更多会借助后面两种进行融资。一般做法是：银行（或原始权益人）把一个商贸设施项目直接或间接地组成资产集合（亦称资产池），然后进行标准化（即拆分），完成股份组合的证券化后向市场出售，实际操作过程中常用的有商业房地产抵押贷款支持证券（CMBS）、商业房地产抵押贷款支持票据（CMBN）。2016 年国内第一例交易所挂牌的符合国际标准的商业物业按揭支持证券（CMBS）产品——“高和招商——金茂凯晨专项资产管理计划”获得上海证券交易所拟同意挂牌转让的无异议函，并在8月24日发行成功。[①] 该产品规模高达40亿元，创造了资产证券化产品最低发行成本的记录，3年期优先级成本仅为3.3%。目前，市场上发行的CMBS项目的底层物业涵盖了写字楼、购物中心、长租公寓、综合体和物流园等。2017年4月由兴业银行作为主承销商的“上海世茂国际广场有限公司2017年第一期资产支持票据”在银行间交易商协会成功注册，规模65亿元，这标志着CMBN项目的落地。但资产证券化对企业的要求较高，由于发行价格取决于评级的高低，因而企业的知名度，资产的位置与收益状况必须都有较高的水平，而且发行过程中涉及资产需要以公允价值计量，每年的评估费、审计费，发行过程中券商、保险、律师费等，综合融资成本较高，更适合资金需求较大的大中型企业。CMBS及CMBN成立的核心在于基础资产能产生稳定的现金流。在趋于下行的经济周期中，现金流较稳定的资产如一线城市的办公楼、城市更新主题下重新定位的项目，以及包括工业物流、家居商城、体验式购物中心和社区型商业在内的具备稳定现金流的特殊类别资产，均可作为CMBS或CMBN的优质基础资产，各企业均有一定数量可作为CMBS或CMBN基础资产的已确权资产。总体来看，虽然我国资产证券化CMBS/CMBN起步较晚，但发展迅猛。仅2018年上半年，交易所和银行间市场共成功发行CMBS/CMBN产品12单，总金额268.23亿元。其中，CMBS产品11单，发行规模共250.32亿元；CMBN产品共1单，发行规模17.91亿元。[②] CMBS/CMBN产品结构突破了传统银行贷款的限制，并有实际基础资产抵押支持。通过对未来现金流的预测及覆盖倍数的测算，CMBS/CMBN可以获得比融资主体更高的信用评级，同时CMBN作为银行间公募发行模式可以获得更低的融资成本。此外，CMBS、CMBN结构保留了物业升值的空间，为不动产企业提供了一条新的融资渠道，对商贸设施盘活存量、加快资金回笼有着重要的意义。资产支持票据（ABN）是指非金融企业（以下简称发起机构）为实现融资目的，采用结构化方式，通过发行载体发行的，由基础资产所产生的现金流作为收益支持的，按约定以还本付息等方式支付收益的证券化融资工具。

---

① 资料来源：《证券日报》2016年8月25日。

② 资料来源：http://www.sohu.com/a/239610749_739558，2018年上半年CMBS/CMBN市场研究报告，REITs行业研究。

与其他融资方式相比，CMBS 的优势在于：

第一，CMBS 突破了银行和信托等机构的传统贷款条件限制，能够有效规避信贷调控管理政策，通过结构化等手段处理物业运营带来的未来现金流，加之相应的增信措施，CMBS 可以获得比物业原始权益人本身更高的信用等级，即 CMBS 降低了物业原始权益人的融资成本。

第二，CMBS 保留了物业原始权益人对资产的所有权，可视为原始权益人提前获得物业未来现金流的同时保留了物业未来的升值空间。

第三，通过特殊目的机构/公司（special purpose vehicle，SPV）的设立，CMBS 投资者对原始权益人的其他资产没有追索权，实现破产隔离。

第四，CMBS 持有者可以在二级市场中交易其所持债券，从流动性与灵活性方面比单一资产处置更具优势。

第五，发行者将资产从其资产负债表中转移，有助于发起人提高各种财务比率，更有效地运用资本。

新加坡凯德集团案例

凯德集团是全亚洲资产规模数一数二的房地产集团，总部设在新加坡，并在新加坡上市，是新加坡发行第一支 REITs 的房地产企业。企业在 1994 年进入中国发展地产业务。目前在我国 40 多座城市累计运营着超过 130 个项目，开发规模逾 2 200 万平方米，核心业务涵盖住宅、写字楼、商业中心、酒店式公寓、综合体以及房地产金融业务，企业的管理资产总额已超过 2 000 亿元人民币。如果按照资产总市值计算，凯德集团是全亚洲最大的综合购物中心开发商、所有人及运营者之一。凯德集团的业务涵盖了商业地产的投资、开发，综合购物中心的运营、资产管理及相应的资本管理等多个范畴。凯德集团在亚洲拥有并运营的分布在五个国家 53 个城市的 102 间购物中心，其资产总值达到了 1 975 亿元人民币，物业总建筑面积达到 903 万平方米。在商业方面，凯德集团在我国拥有的购物中心已达到 64 座，目前已正常运营的共计 55 座。2015 年，其总物业净收入同比增长了 7.4%，商业资产总的出租率高达 94.2%（戴德梁行，2016）。

凯德集团确定“轻战略”的发展方向后，凯德基金应运而生。2000 年开始，企业根据战略转型目标制订具体的执行方案，经过十数年的发展，凯德集团已经构建了一个完整的金融资本平台，其中包括 16 只私募地产基金和5只公开发行的REITs产品。这一金融平台管理着总额达到410亿美元的资产。其中针对中国房地产业务进行投资的REITs产品有2只，房地产私募基金有12只。这些产品稳定的构成了一条连贯的资产输入输出渠道。根据最新年报，凯德在中国的业务资产总值达233亿新元，占总资产的36%。经过多年发展，凯德在中国建立起一条完整的业务覆盖住宅、写字楼、商业综合体、酒店式公寓和房地产金融业务的复合房地产价值链，形成稳固的地产价值产业体系。商业物业由于其所有权的不可分割和后期运营管理的强制要求，体现出很强的金融属性。一个商业地产项目的开发周期通常至少3年，而其从开业到进入稳定成熟经营状态的周期更是长达五年（行业内认为年平均出租率达到90%以上才算进入稳定运营阶段），而其所贡献的租金收益现金流和资产增值的周期则长达10年。然而，许多商业地产开发企业由于现金流压力，往往无法承受漫长的回报周期，而是采取在商业刚刚进入经营阶段时就择机出售，以便快速回笼资金。可见，对于商业物业的开发与运营，融资工具的支持和保障是企业战略的核心。1994年，凯德置地作为凯德集团发展中国房地产业务的专业平台，最初7年里，始终处于亏损的状态。但此后，凯德中国的房地产开发业务迅速壮大，现已发展出凯德置地、凯德商用、雅诗阁服务式公寓、凯德惠居四大地产开发业务线。大量的开发业务势必形成对资金的巨大需求，成本可控，稳定持续的资本注入决定了企业能否实现既定的战略目标。作为拥有成熟经验和雄厚资源的上市企业，经过多年的探索和发展，凯德集团根据自身特征和发展目标，打造了一条可持续发展的房地产金融配对组合的融资模式。这一模式即通过企业开发的项目物业类型，将适当的私募房地产基金REITS进行针对性的组合配对，连贯发展，形成一个完整的融资工具组合，覆盖项目的整个开发运营生命周期。以此把控项目综合融资成本、控制融资风险，保证轻资产策略的实现。在保证项目开发思路和建设执行的连贯和精准的前提下，将追求稳定长期收益的REITs作为其物业开发成长基金（PE）的资金后盾，而成长基金（PE）则不断孵化开发新的优质项目，并向配对的REITs持续不断的输送优质的商用物业资产，由此建立良性循环，优质的资金开发优质项目，优质项目保证优质资金的持续升值。

在具体操作过程中，凯德将商业物业根据开发流程划分为培育期（项目取得阶段）、发展期（项目建设、招商、试运营阶段）和成熟期（项目稳定运营阶段）。根据房地产行业的规律，培育期和发展期的项目通常项目利润空间大（房地产开发项目毛利率水平在20%～30%），但同时风险较大，现金流压力大。这一阶段的项目更适合私募PE投资人。稳定成熟期的经营性物业的收益通常更稳定，伴随着稳定的租户和可见的租金收益，项目年收益率通常为6%～8%，更适合不耐风险的REITs投资人。同时，进入运营期，资产的所有权所赋予的经营权的统一对于商业项目能否成功运营管理非常重要。凯德集团之前已经积累了丰富的商业管理经验，故此积极地利用集团多元化的投融资渠道，依托私募基金、信托基金、银行贷款等方式，积极筹措稳定的资金来源，将其注入到相应的优质商业物业中，以此方式来长期持有这些商业项目统一经营管理，以保证这些商业项目的综合运营管理水平，保证获取稳定的租金收益和资产增值。

资料来源：http://www.sohu.com/a/273960231_100089210，部分信息根据相关新闻报道整理汇总。

商业地产投资信托基金（Commerce Real Estate Investment Trusts，CREITs）是一种以发行商贸设施收益凭证的方式集合特定多数投资者的资金，由专门投资机构进行商业地产投资经营管理，并将投资综合收益按比例分配给投资者的一种信托基金。CREITs的出现为商业地产企业提供了一条资金回笼的良好途径，使商业地产行业向精细化合作发展，可以使资金的风险偏好最大化地匹配投资收益。目前国内类CREITs业务的做法主要是在资产证券化业务框架下，构造出基于商贸设施的具有稳定现金流的基础资产。设立发行资产支持专项计划的前提是私募基金作为持有项目公司权益的模式和类型，这是类REITs产品交易结构设计和重组的焦点所在。在当前类似融资产品的设计中，普遍通过私募基金设立“股+债”组合结构，实现资产支持专项计划对底层标的物业的收益控制，整个合作过程首先是具有专业投资理论和投资能力的商业地产企业负责商业地产的前期开发、建设以及培育、运营全过程，然后将培育成熟的商业物业出售给CREITs实现退市，进而积累下一个商业地产项目的资本金。由于CREITs拥有分割收益权的特性，CREITs将为商业地产的后期经营提供大量廉价的资金，为具备快速扩张和连锁化能力的企业提供资金保障。

权益型CREITs的投资对象可以是不同地域空间、不同类型、不同权属的设施，包括但不限于商品市场、商业街、综合体、商住公寓、商场、写字楼、仓储设施、文旅项目等，可以说只要具备商业运营潜力，可以产生良好持续现金流的投资标的都可以作为 CREITs 的投资对象。由于增值收益是权益型 CREITs 收益的重要来源，其波动将直接影响到投资基金的价值，也将引起基金收益的变化。所以，专业的投资机构总期望寻找市场价值被低估、未来增值潜力较大的商贸设施。这就必须依赖于对单个设施做出准确的分析，对其价值做出正确的评估，并且帮助设施保持持续健康的运营，从而获得高额收益。在进行单个物业投资决策时，最重要的原则是找出市场中价值被低估的物业，从而获得超额利润。

在对单个物业进行评估时，目前最常用的评估方法是折现现金流法，该方法认为项目的投资价值是预期未来现金流的现值之和，其中隐含了投资可逆性和投资刚性的假设。然而，在商贸设施的投资中，这些假设条件并不符合实际情况，一是商贸设施的投资受经济、政治、市场各方面因素的影响较大，未来收益具有较大的不确定性；二是商贸设施投资具有不可逆性，即一旦投进去就难以撤出；三是投资者具有选择权，既可以选择即时投资，也可以延迟投资，而不是刚性的。因此，运用折现现金流法进行评估时，往往导致项目的投资价值被低估或高估，为弥补这一不足，在分析时可以与实物期权理论相结合，该理论认为商贸设施的投资价值不仅取决于未来的现金流量，还取决于未来的投资机会，以及项目的投资稀缺性。

零售业 REITs 发展情况

零售业 REITs 在目前国外主要的 REITs 市场中一直是十分重要的组成部分。按照美国一般定义，零售业 REITs 投资标的一般为占地面积 40 000 平方英尺以上的商业中心与购物中心，并有大型零售品牌入驻。根据国际购物中心协会（ICSC）统计的数据显示，美国本土中，1 150 座已注册的购物中心中 59% 被 REITs 所持有（2014 年数据），而若仅计算中大型购物中心，被 REITs 持有比例提升至 80%。零售业 REITs 能成为占比最大的品类主要由于其内部存在明显的收益特点：首先，随着时间的推移，租金收入可以稳步提升。第一，大多数 REITs 零售业主对于租户的基准租金并不固定，每年都会根据物价与周边市场环境进行小幅上浮，基准租金都能够随着时间的推移而有持续上涨的空间。第二，在基准租金的基础上，REITs 的业主还会根据商户的总营业额收取营业额租金。一方面，这使得

REITs 业主能够了解租户的经营收益，适当调整租金水平获得最大化收益；另一方面，在经济出现衰退时，可通过内部租金收取的结构化调整维持在萧条时期的自身收益能力。如：在 2008～2009 年期间，时尚品牌店、珠宝商与其他可选消费零售商比超市、餐饮行业受到了更大的冲击，由于美国 REITs 业主通过营业额租金了解到这一情况，他们有针对性地向那些有需要帮助的商户提供租金减让，延长客户存续时间，而同时其并没有大规模地提供统一的折扣供应，减少了衰退时期对于租金总收入的影响。其次，零售业 REITs 的资产提升计划（AEI）对于其提高净物业收入与资产价格效用是显著的。资产提升计划包括以下策略：多零售中心关联、高层空间向低层空间置换、停车场与公共区域零散空间拓展、增加商业密集度间接提升自身容积率，以及升级便利服务设施等。所有这些都是性价比十分高且强有力的方法，可以在不增加物业占地规模的情况下推动 REITs 收益持续增长数年。最重要的是，购物中心作为 REITs 投资标的存在很明显的租客黏性。与写字楼、工业、住房租客不同，零售租客很少轻易迁址。由于零售租户需要长期稳定的客户流量，只要客户群体稳定且流量持续，不到万不得已他们不会搬离目前的所在地，这也解释了大型零售客户的租赁协议一般为长期协议。以上这些特性使得零售物业一直处于正增长的情况当中。

目前整体零售业 REITs 最主要的影响因素还是来自消费者信心。从长期宏观角度来看，零售业 REITs 的发展与整体零售业是密切相关的，而零售业的发展与消费者长期支出信心趋势密切相关。由于美国近几年的经济回暖与工资收入持续提升，消费者信心指数从去年开始一直维持在相对高位。而从仲量联行（JLL）2016 年一季度公布的数据来看，目前美国零售物业拓展仍在持续。虽然 2016 年上半年美国宏观经济数据释放出混合的信号，但由于就业及薪资持续强劲，消费者信心进一步回暖，市场对于零售物业的需求继续维持强势。整体美国零售物业空置率仍维持在 5.6% 的低位水平，过去四个季度一直较为强势的零售需求是推动因素。而从其中更细项分类来看，健身、餐饮、宠物等是新增需求的主力，其中又以餐饮需求为甚。

资料来源：http：//bank. hexun. com/2017 －01 －13/187734413. html?from = rss，全球 REITs 发展与现状，2019。

六、贷款承销与信用评估

如果只是了解项目贷款的组成要素和贷款方式，并不足以保证能够得到融资，贷款人会使用一系列复杂的评估方法对项目贷款的可行性进行评估，这就产生了一种新的业务：贷款承销（放贷）业务。所谓贷款承销是指对某项贷款的风险和信用的评估分析直至最终放贷的过程，在这一过程中承销机构要为贷款机构或个人提供放贷参考依据，决定合适的贷款金额、利率、期限、费用、追索权地位等。

不同的贷款机构在评估贷款申请时所使用的评估标准并不相同，了解贷款人在承销过程中使用的评估标准有助于按期获得贷款。虽然评估标准有诸多因素，但首当其冲的是借款人的信用问题。从借款人的立场出发，贷款人更愿意给具备较高信用水平的项目进行融资，而不是信用较低的项目。一个小规模个体投资者可以从信用公司、银行或 REITs 寻找到融资的成功机会明显小于大型机构的成功率，比如国有企业、上市公司、大型集团等。这就要求贷款人要在发放贷款前对借款人和借款项目进行科学分析，以完成对项目未来还款风险的把控。无论物业已被租用还是处于使用之前的预租状态，对商贸设施来说，大多数贷款人都要求设施获得长期融资之前能够有较高的出租率，这一点十分重要，原因是投资人和贷款人都将租金收入作为支付年度偿债和其他成本的主要来源。因此，仔细地进行租约分析是评估的必要过程，租约分析重点考察以下内容：

承租人信用：首先，贷款人检查并确定承租人有没有通过一家主要的国家级评级机构的信用评定，承租人要想获得信用评级，其必须是发行公债的机构，信用评级是承租人规模大小和财务稳定性的一个指标。如果承租人没有信用评级，则要求提供近年的财务报表。

租期长度：贷款人大多倾向于向持有较长租期（5～10 年或更长）的项目放贷，当然也会考虑租约中是否鼓励承租人的续租选择权或其他优惠条件。

租约到期日：贷款人希望确保物业一直处于租赁状态，一个设施的最好情况是不同的租约有相互连续但不同的到期窗口。

承租人组合：贷款人会考察物业内承租人的选择和安置情况，并充分考虑他们的持续性和发展性，一个良好的承租人组合可以使他们和物业的盈利能力最大化。在商业物业中，租户的组合对租金收入的影响显得尤其重要，比如购物中心。

其他租约条款：贷款人会考察具体的租赁条款以及会对承租人租赁有怎样的影响。比如，给承租人一个非竞争性的条款可能会影响其他单元出租的容易程度。其他租赁条款能够影响收入，比如说明确谁来支付营业费用，在何时租金可以上调以及上调幅度是多少，将会有什么样的装修，谁来支付这一费用；等等。

运营管理水平：运营管理水平也是租赁分析中的重点考察因素，运营管理的经验和专业程度在贷款承销过程中是十分重要的。如果是非专业化的运营管理团队，可能使设施的商业价值受到严重低估，也可能使设施的租赁发生违约风险。

追索权与非追索权：尽管商贸设施贷款有物业作为抵押品，但是常有贷款人要求借款人提供个人担保作为贷款的额外担保。担保是指在某方不能执行或偿还的情况下，由个人（通常是借款人）做出的偿还债务或履行另一方（获得贷款的公司或实体）的义务承诺。担保给予贷款人向担保人寻求追索的权利，贷款人可以在借款人不能偿还债务或不能行贷款合同上规定的义务时，向担保人个人寻求偿还贷款。对于非追索性贷款，贷款人在借款人不能偿还贷款或履行义务的情况下，只能取消抵押品的赎回权作为债务补偿。

其他信用问题：其他信用还包括抵押额外的物业和资产情况、社会地位、工作环境、个人成长性等方面，贷款人有时会要求借款人提供支持贷款的第二抵押物业，或以个人保险单来支持担保，有时也会要求提供相应的工作收入证明或其他证明材料。

“类 REITs”计划——“畅星—高和红星家居商场资产支持专项计划”介绍

随着自持物业逐步增加，如何构建商业物业的“建设运营—持有孵化—退出”的完整金融链条一直是行业性的难题。

2017 年，家居流通业第一品牌红星美凯龙与国内知名商业不动产基金高和资本联合对外宣布，国内首个家居行业“类 REITs”计划——“畅星—高和红星家居商场资产支持专项计划”成功发行，近日将在基金业协会备案，并将在上海交易所挂牌交易。这是继 2016 年红星美凯龙与高和资本合作成立以家居商业地产为基础资产的并购基金以来双方的第二次合作，旨在升级红星美凯龙的轻资产战略。

据了解，该类 REITs 不依赖主体信用兜底，且其权益级证券由专业的私募投资基金以市场化方式认购，是权益型类 REITs 的一个里程碑，也是权益类公募 REITs 的一次重要预演。

中国证券投资基金业协会会长洪磊曾指出，发展 REITs 意义重大，主要体现在：一是盘活公共资产，激活地方投融资效率；二是拓展长期资本形成机制，改善金融资本供给效率；三是推动养老金等投资于优质资产，为全民共享经济发展成果提供理想渠道。

据悉，目前在中国证券投资基金业协会备案的类 REITs 超过 400 亿元，且开始吸引了私募基金等专业机构对权益级或次级档的投资。权益型类 REITs 在上述几个方面的实践和摸索将是迈向中国公募 REITs 的关键过渡。

据介绍，上述"类 REITs"将天津的两间红星美凯龙家居商场证券化，红星美凯龙仍将继续向商场提供管理服务。据悉，此计划仅面向机构投资者，总规模为 26.5 亿元。其中优先级合计为 18.0 亿元，由银行、公募基金等机构参与认购；权益级证券合计为 8.5 亿元，由高和资本发起的私募基金认购。高和资本亦担任项目牵头人，渤海汇金担任计划管理人。

中国证券化基金投资业协会专家顾问、五道口金融学院研究生导师郭杰群认为，高和红星美凯龙类 REITs 项目的结构设计借鉴成熟市场的权益类 REITs，回归资产支持证券的本质，脱离主体兜底，且由专业的投资机构牵头权益级投资并负责基金管理和资产管理，真正实现了权益级的社会化认购，体现了专业投资者驱动的特点，是非常重要的突破。

红星美凯龙执行总裁郭丙合表示，红星美凯龙已经从一个传统的商业运营企业升级为一个资产运营企业，不仅通过物业的经营管理赚取经营收益，还通过金融化和证券化获取了快速变现的能力，使公司可以兼顾高的股本收益率和高的资产流动性。这标志着红星美凯龙商业模式的一次重要升级。

高和资本执行合伙人周以升认为，红星美凯龙与高和资本在并购基金和类 REITs 的这两次合作实际上开创了国内商业地产领域真正的金融闭环。这会让红星美凯龙从自营自建模式到委托管理模式之后，再一次站到行业战略的制高点，加强红星美凯龙在家居领域的领导地位。

资料来源：http：//hk.eastmoney.com/news/1535，20170919778243338.html，红星美凯龙携手高和资本，家居行业首例类 REITs 落地及相关报道整理。

七、互联网金融创新

随着网络科技的发展，互联网金融应运而生，已经有部分互联网金融平台开始涉足商贸设施的投资领域。例如，近年乡村振兴中发展良好的民宿，很多都采用在互联网平台进行众筹的融资模式。互联网金融具有低成本、高实效、辐射广的特点，能够在较短时间内将大量小众投资者的小额资金聚集起来，小额资金通常比较分散，且成本很低，为商贸设施的融资提供了一条创新之路，有利于促进商贸设施更好的发展。例如，在 2015 年的 6 月，万达开发的“稳赚 1 号”金融产品，就是其推出的互联网金融产品。由于万达企业的信用度很高，将其万达广场项目作为基础资产，再由万达企业对招商运营进行统一管理，可确保投资收益的稳定性。投资者只需要以成本价对万达广场进行投资，就能获取租金收益还能获取资产增值所带来的收益。此款互联网金融产品的预期年化收益率最低为 12%，收益来源主要有两部分，一部分是净物业收入，另一部分则是物业增值所带来的收益。

随着居民投资意识的不断提高，居民以个体身份参与大型商贸设施的投资成为可能，其中 P2P、众筹等都是互联网金融模式的创新。以众筹为例，其主要是指通过互联网方式发布筹款项目并募集资金。相对于传统的融资方式，众筹更为开放，能否获得资金也不再由项目的商业价值作为唯一标准，这种投资更接近于创业初期的“天使投资”模式，只要受人喜欢的项目，都可以通过众筹方式获得项目启动的第一笔资金，为更多想投资商贸设施的投资者提供了无限可能。

第四节　商贸设施价值评估

一、商贸设施价值

商贸设施的价值受市场区域限制较大，并不具备完全成为一个开放市场的可能，所以对每个商贸设施而言都需要通过独立的科学评估来为其业绩进行合理估价，进而确定其市场价值。由于各参与方不同的利益诉求，要想确立某一商贸设施的公允价值，就必须依靠公平、科学、合理、实用的业绩评估体系，以期达到对不同视角下的设施价值，评估的公正性和准确性。

商贸设施的估价是非常复杂和多样的。通常情况下，价值、价格和成本的意义在投资和评估时的意义和作用都是不同的。价格是指买价或卖价（在现在或者在过去），对于某一物业实际提出或接受的金额。因此，价格仅代表个人对物业估定的价值，而不是专业评估师确定的更客观的市场公允估价。成本是指过去实际用于支付某一物业或者在某一特定时间新建或修缮某一物业实际所需资金金额。成本可能等于也可能不等于建筑物的市场价值，这个价值主要取决于通货膨胀、租金下跌、空置率、利率、使用年限等市场行情。

价值是指市场上一个投资者在投资某一设施时愿意为其物业或盈利能力支付的实际购买金额。成本、价格和价值三者之间很少相等，例如一座充分利用的新建商场，其成本 < 价格 < 价值之间可能是这种依次递进的关系。

从广义上的价值定义来讲，商贸设施有多种不同的价值，包括投资价值、可保价值、估定价值、清算价值。投资价值是指针对某一具体投资者的价值，这个价值主要取决于投资者的要求、税率及融资成本等因素。可保价值是指物业实体中易被破坏的各个部分的价值，主要用来确定保险范围。估定价值一般是由税务估价师确定的价值，主要用来征收地方性房地产税。清算价值是指在强制性出售时的设施价值，例如取消抵押品的赎回权或资产拍卖，资产必须在有限时间内或限制性条件下完成时的价值体现。重建价值或替代价值是指某一替代物业或完全一致（如重建物业）或设施功能基本相同（如替代物业）的物业价值。

在商贸设施投资评估中，市场价值已在国际商业资产评估领域广泛采用，特指在满足所有必要条件的公平交易中，一个物业在完全竞争开放的市场中所体现得最可能的价格，即为市场价值，同时假设买方和卖方都是慎重的和理性的，且价格不受不正当因素的影响。另外，市场价值的深层含义是指在某一特定日期内实现的一笔销售收入，并按下列条件将产权由卖方转给买方。通常买方和卖方都有积极性，买卖双方均充分掌握情况或均得到同等公开完整的信息，并在认为各自利益实现最大化后成交，此时的价格代表对此物业价值的双方公平、独立、完整的正常估价，不受任何相关人员所给予的特别的或目的性的融资或销售优惠的影响。

在确定了投资者投资目的的前提下，投资价值指投资者为得到确定设施的未来收益权愿意支付的实际金额。根据这一定义，投资价值对于每一个特定商贸设施来说都是独一无二的，即使当两位投资者使用相似的方法来确定同一项目的投资价值时，他们各自所得出的价值也会因为他们对此设施不同的投资目标和投资假设而发生不同。因此，评估师会利用严格程序化的标准化方法来计算项目的市场价值，以期得到不同投资者共同认可的项目价值。同时，根据投资者的投资视角不同，分析师可以选择不同的投资方法和手段来计算某一设施的投资价值，可以根据不同的投资用途，自由地修改这些方法和标准体系。实际上，投资者确定投资价值所使用的所有方法也同样适用于衡量投资业绩。例如，一位投资者可以利用收入支出比来计算一项物业的投资价值，相同的收入支出比率也可以用于衡量一项给定价格物业的投资业绩。

在采用以上视角分析时，为反映不同市场的投资状况，可以适当做出科学并有针对性的改变。这就需要找到最适合某一具体物业的评估方法，而有些项目可能需要用到一种或所有方法综合确定出一个“特定性的”市场价值评估方法，最后结合各种市场信息，平衡并协调好各种“估算的”市场价值，再加上经验的主观判断，形成对拟投资设施的最终评估价值。

投资者运用这些方法或这些方法的变形，再加其他一些技术分析确定投资可行性。例如在商贸设施评估时，最常用到销售比较法，是指一个物业的价值等于买方过去购买一个类似物业的价格。这种方法类似于“比较购物”，消费者购买一件商品时通常会货比三家，然后再决定可接受的价格。但实际上，并没有两个完全相同的物业。因此，应用销售比较法时应该注意，首先在开放的市场环境中寻找最近售出的最具可比性的物业，调整可比项目的各项主客观差异，结合市场最新的各方信息进一步使调整精确。当在交易活跃的市场上，有大量近期成交的可比物业时，用销售比较法效果最佳，同类型可比物业越多，就越容易选定最具可比性的物业。

二、评估方法

（一）销售比较法

投资者可以利用销售比较法来确定一项与近期市场上售出的有相似可

比性的物业的投资价值，适用于写字楼、商铺及商业设施按单位面积的价格进行比较。对于商贸设施来说，可以按每单位面积的价格进行比较。例如，销售比较法可用来计算在给定单位价格的情况下，买方所愿意支付的金额（投资价值）。用公式表示为：价格/平方英尺 × 该建筑的面积 = 投资价值。销售比较法还可以用来比较市场上目标物业与可比性物业的单位成本差距。如果已经知道市场上某一相似设施给定的购买价格，投资者可以使用销售比较法来确定出它的单位成本，然后计算得出本项目的投资成本，从而与市场上近期出售的可比性物业进行比较。用公式表示为：购买价值/建筑物的总面积 = 价格/平方米。

在实际应用中，销售比较法既有优点也有缺点。销售比较法的优点是，投资者可以将拟投资的项目价值与市场上现有商贸设施的交易价格进行比较，对于投资者来讲便捷高效，具有较强的交易参考意义；该方法的缺点是没有考虑不同设施之间收入能力的差距。对于商贸设施而言，收入和运营水平的不同会大大影响其市场价值，市场上往往缺少足够的可比性物业与其进行比较，即使紧邻的同类设施也不可能做完全相同的类比。

应用销售比较法时，往往会结合成本法进行项目的整体评估。成本法是以再新建一处同类现有建筑（新的）及其附属物的现有成本为多少；预估所有形式的累计折旧（实体的、功能的、外部条件所致的）为多少；计算所有建筑物的折旧后的价值；估计地块的价值（多指土地），若是闲置的，则用销售比较法（假定该地块将会以最有效最充分用途被开发）；最后把地块价值加到建筑物的折旧后的价值上。将成本法应用于一个开放的市场上是比较有效的，此时新建一个建筑物的成本基本等于市场价值。但成本法的主要缺点是，无法体现供给和需求的变化，同时地段和消费者习惯等主观因素无法正确地反映到成本法的评估中，尤其是某些地段位置特别好，时间期限较长，折旧水平过高的设施，成本法的评估就会出现较大的偏差，但如果是一幢新建物业，在测试可行性过程中，使用这种方法进行计算，并和其他两种方法计算的价值进行比较，成本法具有非常大的作用。

（二）总租金乘数法

租金乘数是将项目售价与年租金收入之间进行计算，得到一个简单的类比乘数，计算公式为：租金乘数 = 投资金额 ÷ 每年潜在租金收入。这种方法也可以使用“总租金乘数”来计算物业的投资价值，可以通过对该设施每年的预期租金收入和市场上公认的租金系数（即总租金乘数）相乘得出投资价值。总租金乘数可以从市场上的可比性物业中得出，同时投资者也可以根据自身的投资需求对其进行调整，以满足投资者的特定要求。用公式表示为：总租金乘数 × 预测潜在租金收入 = 设施价值。使用总租金乘数法的优点是简便易行，缺点是没有考虑市场变化所带来的空置和欠租损失，没有考虑营业费用、融资成本、税收等方面的影响。

（三）直接资本化法

使用这种方法评估市场价值时，一般需要考虑市场租金、空置情况及营业费用的占比，并预测出今后每年期的营业净收入。若某一设施还没有完全建成或没有完全投入使用，也没有可参考的预期营业净收入，那么评估时就需要建构一个“相对稳定”的营业净收入，这个收入需要反映目前市场状况下同类设施的实际业绩。若评估时资本化率是未知的，而项目周边有类似已知的几处带有营业净收入的可比性物业，则可以通过这些项目算出一个市场平均的资本化率（或比率），有时也直接用现金贴现率来替换资本化率，但要注意的是贴现率与资本化率是完全不同的两个概念，总资本化率等于近期已销售的可比性物业的营业净收入除以其销售价格。它与预期收入的涨跌及资产的升值、贬值有关。

直接资本化法是用未来收入除以资本化率，从而把未来收入转化为现值的过程。资本化率是此设施购买价格与年收入之间的比率（购买成本/第一年营业净收入）。许多投资者在评估时会通过对一项物业的一系列收入进行资本化计算，来决定其商业设施的价值。不同的是，投资者是通过将收入资本化来确定投资价值，而评估时则是通过收入资本化来确定市场价值。用公式表示为：$V = I/R$（其中 R 是资本化率，来源于从市场或购买者的已有相似项目中）。同样，直接资本化法的优点是在使用时考虑了空置和欠租损失、营业费用的基础上，保证了评估的简单易用性；该方法的简便性也限制了它在使用上的可靠性，主要因为没有考虑融资成本、税收影响、市场变动情况等。

（四）收入支出法

收入支出法是另外一种计算投资价值或衡量投资业绩的方法，由于投资者同时也是最有代表性的潜在购买者，因此这种方法实际上是试图从设施投资者退出的角度分析项目价值。一般对于评估非业主占有的物业价值时，这种方法最为重要。稳定或小型的物业通常用资本化方法来分析，而那些预计产生不规则现金流的物业（例如已过延长期的）或由非常具备经验的投资者投资的设施就应使用收入法来分析（由于收入法分析包含了许多重要的假设，投资者所期望的预测可能不能被当地实际销售和开发活动所支持，这样其他方法计算出来的结果对比就变得很重要）。

收入支出法使用每年设施运营的税前现金流进行计算。用公式表示为：收入支出比（收益率）= 第一年税前现金流/初始投资（首期付款）。使用收入支出法确定投资价值时，可以将公式进行简单变形，来计算初始投资的规模（存在抵押贷款时将初始投资加上抵押贷款额即可得出整体投资价值）：初始投资 = 第一年税前现金流/收入支出比（收益率）。例如，投资者正考虑购买一项物业，购买该物业投资者可获得 50 万元的抵押贷款。该物业的第一年税前现金流预计为 2 万元，购买者要求的收入支出比为 10%，用收入支出法计算投资价值为多少？再例如，投资者正考虑购买一项物业，如果上市交易价格为 70 万元，其中可通过融资获得 50 万元的抵押贷款。该物业的第一年税前现金流预计为 2 万元，该物业项目的收入支出比为多少？该方法的优点是建立在第一年的预测税前现金流的基础上，充分考虑了空置及欠租、营业费用、融资成本等影响；缺点是收入支出法没有考虑税收的影响，而且在考虑现金流时只考虑了一年的情况，因此具有一定的局限性。

（五）贴现现金流法

贴现现金流法是对收入支出法的改良，该方法也是通过使用现金流模型来计算投资价值和投资业绩，具体可以细分为内部收益率法、净现值法、资本积累比较法三种。

1. 内部收益率法

内部收益率法是以投资项目的内部收益率为依据进行投资方案评价的方法。该方法适用于常规投资项目或方案的经济效益评价。内部收益率是指投资方案或项目在寿命期中的净现值或折旧值等于零时所对应的收益率，它反映的是以年利率得到的投资项目的投资额和利息支出，到项目期末以每年所获收益连本带利回收全部投资时，能够产生的投资收益情况。

内部收益率是一个宏观概念指标，一项投资的内部收益率是指当前投资的每一分钱在每一项目周期内所获得收益的百分比，更通俗的理解是项目投资收益能承受的货币贬值速度，即：投资抵抗通货膨胀的能力。比如内部收益率 10%，表示该项目操作过程中每年能承受货币最大贬值 10%（或通货膨胀 10%），同时内部收益率也表示项目操作过程中的抗风险能力，比如内部收益率 10%，表示该项目操作过程中每年能承受最大风险为 10%。如果项目操作中需要贷款，则内部收益率可表示最大能承受的利率，若在项目经济测算中已包含贷款利息，则表示未来项目操作过程中贷款利息的最大上浮值。

内部收益率是评价投资项目的重要技术经济指标，其优点是能够把项目生命周期内的收益与其投资总额联系起来，从而得出这个项目在整个生命周期的收益率，便于与同行业基准投资收益情况进行对比，确定项目是否值得投资。同时，如果投资过程中可能要贷款投资，在投资者对借款条件（主要是利率）还不明确时，内部收益率法可以避开借款条件，先求得内部收益率，并将其作为可以接受贷款利率的最高限度。当然，需要注意的是内部收益率表现的是比率，而不是绝对值，一个内部收益率较低的方案，并不意味着一定不值得投资，也可能由于其规模较大而有较大的净现值，因而更值得投资。

内部收益率法用于常规投资项目或方案的评价时，其单方案评价准则是：内部收益率不小于基准收益率时，投资方案可行，否则，投资方案不可行。其评价结果与净现值法评价结果完全一致。对于商贸设施而言，由于投资年限长、相关估算模型不完善等因素，往往导致对项目投资估算存在较大误差。这就要求在进行内部收益率法评估时，除必须考虑的众多外部影响因子外，还必须把商圈因素及自身经营能力等泛商圈因素作为重点影响因子加以考虑，否则评估结果往往会产生较大误差，从而导致决策的失误。

2. 净现值法

净现值法是将项目整个生命周期内的净现金流，按预定的目标收益率全部换算为等值的总现值之和，并与净现金投资额的差额计算出净现值，然后根据净现值的大小来评价投资方案的优劣。净现值为正值，投资方案是可以接受的；净现值是负值，投资方案就是不可接受的。净现值越大，投资方案越好。净现值之和也等于所有现金流入的现值与所有现金流出的现值的代数和。通过对设施净现值由负转正时间节点的观察，可以推算出项目投资的回收期，通过与市场公允同类项目回收期进行对比，也可以进一步判断投资方案的可行性。

净现值法的优点：

①使用现金流量。公司可以直接使用项目所获得的现金流量，相比之下，利润包含了许多人为的因素。

②净现值包括了项目的全部现金流量，其他资本预算方法往往会忽略某特定时期之后的现金流量。

③净现值对现金流量进行了合理折现，有些方法在处理现金流量时往往忽略货币的时间价值，如回收期法、会计收益率法。

净现值法的缺点：

①资金机会成本的确定较为困难，特别是在经济不稳定情况下，资本市场的利率经常变化加重了确定的难度。

②净现值法说明投资项目的盈亏总额，但并未说明单位投资的效益情况，即投资项目本身的实际投资报酬率。这样会造成在投资规划中着重选择投资大和收益大的项目而忽视投资小，收益小，但投资回报率高的更佳方案。

3. 资本积累比较法

资本积累比较法是对两个或多个投资项目积累的资金额进行比较，而不是对单个项目的回报率进行比较。内部收益法是衡量留在投资项目内资金的收益率情况，而资本积累比较法则考虑了投资项目外所产生的收入，包括留在投资项目内的和进行再投资的资金。该方法提供了一种通过对不同投资项目所能产生的现金流进行调整的视角，从而为资本增长选择一种更合理的投资手段。通过使用这一方法，投资者可以通过考察投资持有期期末的现金流，来决定哪一个投资项目能产生更大的未来收益。

资本积累比较法运用基本的复利和贴现率进行计算。该方法首先要求去掉所有负的现金流，而将正的现金流进行再投资直至项目持有期末。要消除负现金流，就必须对成本进行多次调整（通常每次只进行一年的调整），对正的现金流进行再投资则需要对收入进行多次调整，调整后所得到的金额就是该项目投资的资金总额度，及其在整个持有期内所能积累的收益。

在资本积累比较法中，对单一金额的复利调整和贴现调整需要对外部投资的比率做出假设。在内部收益法中衡量的是一项投资的内部收益，而资本积累比较法则要求使用外部的安全比率（无风险收益率）和外部的再投资收益率进行衡量。如果计算的是负现金流，其安全比率代表一项低风险、高流动性的投资可获得的收益率，这些负现金流的贴现值再加到初始投资额上，就是投资的实际评估价值；而如果计算出是正现金流，则代表再投资收益率高于安全比率，这时如果将正现金流投资于外部高风险的投资项目，虽然可能产生损失，但这种损失不会影响投资者获得初始投资项目预计的投资收益。

除了通过贴现消去所有负现金流、通过复利方式再投资得到所有正现金流之外，还可以进行其他方面的调整。如通过对不同投资项目的持有时间进行调整。例如，如果投资项目 A 的预计持有期为 4 年，而投资项目 B 的预计持有期为 6 年，就需要对投资项目 A 第 4 年的现金流在特定的再投资收益率下进行为期 2 年的复利计算。

贷款点数与实际利率

目前为止，大多数贷款的评估观点都是从借款人的角度出发的，现在让我们转到贷款人。对于贷款人而言，一笔贷款就是一项投资。正如所有的投资者一样，一位贷款人的目标是要寻求达到投资的目标收益。贷款人的收益必须能够抵销贷款人的资金成本和其他相关营业费用成本，并且达到目标回报率。贷款人通过调整贷款中的净投资能够获得比合同规定利率更高的收益率，那么贷款人是如何通过收取折扣点数来调整净投资的？一个折扣点数等于贷款金额的 1%，是指一种一次性支付的费用。支付折扣点数不会影响贷款偿还计划或任何大额尾付。折扣点数是既可以由借款人单独偿还，也可以从贷款中减扣。不管哪种方法，折扣点数减少了贷款人的净投资额，从面增加贷款人的收益。贷款人通过收取折扣点数而实现的利率被称为实际利率。实际利率是对真实利率进行的计算，它反映了贷款点数对贷款的影响。如果没有折扣点数发生，实际利率与名义利率相等。如果有折扣点数支付，则实际利率则大于名义利率。

折扣点数可以增加贷款人的实际收益，特别是在贷款提前于到期日偿还的情况下，折扣点数代表了整个贷款期内的预付利息。对于一项贷款提前偿清，贷款人的投资收益（折扣点数是在较短时间内计算的）产生较高的收益。折扣点数实际降低贷款人的投资金额（初始贷款额 - 折扣点数），同时降低了借款人的贷款收益（初始贷款额 - 折扣点数），但并不会影响定期支付额（决定于初始贷款额）。

表2-7说明了折扣点数对贷款的影响。年利率12%，25年期，100 000的贷款金额。因此，在给定一个期望收益和借款人的定期支付额不能超过某个固定金额的情况下，贷款人能够计算出通过收取多少个折扣点数可以实现目标收益。

表2-7　　项目贷款分析

初始贷款额（万元）	折扣点数	折扣额（元）	净贷款额（元）	定期支付额（元）	名义利率（%）	实际利率（%）
10	0	0	100 000	12 750	12	12
10	2	2 000	98 000	12 750	12	12.29
10	4	4 000	96 000	12 750	12	12.60

第五节　商贸设施风险管控

设施投资风险管控是指通过对投资风险的识别、权衡和控制，减少投资风险的发生，以及降低由于投资失误导致的风险，确保投资的安全性和收益的稳定性。虽然风险具有不确定性和不可预知性，但可以通过对市场信息的收集与分析，对风险产生的时间、形态以及其可能造成的后果进行预测和评估，根据评估结果制定相应的控制策略。

在项目风险管控中，往往由于信息来源受限、人为因素等影响，对风险发生的概率及其预期结果发生的偏差，导致严重风险的发生。在进行风险管理时，需要重点考虑风险成本的存在，采取全面的管控措施，将项目风险降至最低。

风险识别是风险管控的基础和重要组成部分，是进行风险管控的前提。风险识别就是确定何种风险事件可能影响项目收益，并明确风险的来源、风险发生的条件、风险特征、风险预防方案等。虽然大量的投资风险可以通过科学严谨的投资方法加以防范，但市场的不确定性风险却难以预计。

一、常见投资风险

（一）宏观市场风险

在风险因素中，宏观市场风险是影响设施投资的最重要外部条件，包括社会经济风险、政治风险、法律风险、产业风险等。投资者虽然无法控制这种风险的发生，但可以采用诸如风险预留、分散投资等措施，一定程度上减少损失。当然，无法控制并不代表无法预知，如果能够及早知道风险发生的可能性，投资者就可以积极主动地采取一定的措施，最大限度地降低风险。

上述风险类型中，像经济风险、政治风险、法律风险在诸多学科中都有很详细的介绍，风险分析也已形成较为成熟的分析框架，而产业风险是从城市产业的角度对投资风险进行分析，因此有必要进行详细解读。以城市商业网点的调整风险为例，政府针对城市发展过程中的大型商贸设施重复建设、资源浪费和过度竞争等现象会采取各项措施，针对性的制订城市商业网点的规划指导意见，在宏观上对商业网点的建设、布局予以总体规划和监控，并积极调整结构、规模。如果提前对这些政府规划进行细致解读就有利于项目提前布局，并与城市宏观规划实现协调发展，就能有效防止投资风险的发生。尤其是在大型商贸设施投资过程中，开发商要及时关注政府发布的公告及政策变化，一旦得知商业网点的布局规划发生变动，即可提前进行准备，通过业态的重新布局或者其他营销策略来减少产业调整对项目投资带来的影响。

（二）功能定位风险

按照国内商贸设施的标准分类，商贸设施可以被分为 17 个大类，数十个小类，而不同的设施类型往往对应着不同的商业功能，功能定位的合适与否，往往直接决定了商贸设施的市场价值。大量的商贸设施都以一种复合型、多元化、多类型的商业功能、业态组合的形式呈现，比如城市综合体是由多种设施类型、多元建筑模式、多类商业功能组成的一种设施集合，即使同样是城市综合体，也会因为城市、地段、竞争情况的不同在各种业态组合、功能主题、业态编配、品牌档次等方面存在这样那样的不同之处。一旦项目功能定位存在偏差，对项目价值会产生致命影响。因此，在投资的前期决策阶段，非常有必要进行认真而细致的定位研究，在有条件的情况下，建议选择1～2家经验丰富的专业研究机构提供独立的研究报告，通过科学比较，独立判断，最终确保项目投资安全。

（三）资金安排风险

商贸设施的投资风险往往源于资金筹措阶段的资金安排风险，包括融资渠道太过单一、融资结构不合理、投资收益率与资金获取成本风险、利息率风险等，通常需要根据不同的来源采用相应的手段来控制风险。投资者要根据自己的资金实力，在考虑到自有资金和可能筹集到的资金的总量的基础上，选择适合自己投资能力的项目，而不可一味追求收益最大的高额投资，否则容易失去机会，甚至造成巨大的损失。由于商贸设施投资是资金高度密集型的投资项目，投资者往往采取高负债、大杠杆的操作模式，这本身就潜伏着巨大的投资风险，从投资规模的角度来看，风险主要集中于投资者盲目追求规模化，只顾“贪大图洋”，觉得规模越大效益越好、规模越大越具备竞争优势、档次越高越能有高收益，却忽略了因规模增大带来的巨大投资风险。这种“规模效应”在一定程度上是有效的，但随着规模的不断增加，商业规模的边际效益越来越低，而边际成本越来越高，尤其是遇到宏观经济和产业形势不稳定，如果盲目夸大商业需求，往往会造成大量设施空置或经营坪效过低，造成投资失误。规模风险的另一种形式会发生在不同类型规模的分配上，例如同一地块上，既需城市综合体，也需商业街区项目，前后两者之间的规模关系如何分配也会导致规模风险的发生，从规避投资风险的角度，需要从商业运营的角度提出科学的规模比例，以免运营中出现某个主题类项目过冷或过热的风险。

（四）工程设计风险

工程设计的质量对项目的成本、进度、招商、运营等都有重要的影响，而且这种影响是不可逆的。如果设计阶段存在较大的纰漏或者错误，往往会导致项目施工过程受到影响，更严重的会影响到商业功能的使用，招商品牌的入驻以及运营成本的长期摊销，造成不可挽回的损失。当前，我国商贸设施投资增长迅猛，但是熟悉商业设施运营与管理的专业设计人才明显不足，专业人才的培养存在一定的滞后性，大量工程设计人员不具备商贸设施的知识储备和设计经验，多数设计者从住宅领域直接转行商业设计，往往造成按照纯建筑学意义上的设施设计，要么出现建筑形态无法满足商业功能要求，要么无法满足商贸经营与创新的需要，例如人流动线、功能分区、业态规划、创新冗余等。这就要求必须站在商业运营与创新的角度，在设计阶段引入商贸专业人才辅导设计的全过程，通过提前将建筑设计与商业运营有机融合，避免以后在施工、招商、运营期间进行大量改造，避免影响项目进度和投资效益。

（五）经营管理风险

从字面意义上来看，经营管理风险可以分为设施经营和设施管理两个方面的风险。由于商贸设施存在的价值必须通过日常的持续健康运营来实现，因此，经营与管理风险也就伴随而生，按照经营管理的不同属性，大致包括项目招商、项目营销、商户调整、物业管理等风险类型。

经营风险是指由于经营能力不足而导致的项目风险，而产生经营能力不足的原因往往是专业化团队的缺失。针对专业团队的缺失，开发商必须加强企业人力资源的管理工作，并适当地选择权利下放、多种渠道吸纳人才等方式来控制风险。

管理风险可以分为企业管理、商业管理、物业管理三个方面，其中企业管理是根本，商业管理是关键，物业管理是保障。企业的自身管理中存在多种风险因素，如针对企业财务制度混乱引起的资金周转缓慢，企业需要建立健全企业的财务部门和工作标准；当前商贸设施的商业管理普遍采用“谁开发谁管理”的模式，开发商往往缺乏专业化的商业人才，只能临时组建商业管理公司进行管理，这就带来了巨大的商业管理风险；另外，物业管理作为商贸设施正常运营的保障，对于消防、水电、燃气、安全、清洁等物业管理中的潜在风险也不容忽视。

（六）投资退出风险

进行商贸设施的投资者，最终目的有两个：一是要通过持有物业满足经营需要，通过持续经营实现长久盈利；二是在适当的时候通过资本市场转让物业的所有权，并获得回报，实现投资收益。在国外一些发达国家，商贸设施的开发商能够采用房地产投资信托基金（REITs）的方式来退出项目，而当前国内的REITs还不成熟，国内商贸设施的投资者仍然通过整体出售、分割出售、股权转让、使用权转让、长期租赁等形式来进行所有权的转移。要防止商贸设施发生退出风险，现阶段主要应从政策层面不断拓宽和推动金融产品创新，根据不同投资者的风险偏好程度，鼓励采取不同的退出方式。

二、风险防范对策

（一）专业化团队

对设施投资者而言，项目预期收益建立在对消费市场的准确预测上。由于各种不确定因素的存在，实际收益偏离预期收益的可能性不可避免，这就需要通过专业化的调研团队来尽量降低这种偏离的程度。投资者应对宏观环境和商业环境具有清晰的认识，避免“拍脑袋决策”，同时还要对市场竞争程度、消费者行为以及技术变革等因素进行深入研究。此外，专业化分析还应包括对各项可能出现风险的环节进行严格的审查，包括财务、管理、法律、自然和环境等方面。简言之，专业化分析的过程就是将尽可能多的不确定性或风险因素转变为已知的或可测量的因素。

（二）前置化价值

前置就是将项目流程中下一阶段的事情提前来做，通过规划前置规避投资风险十分重要。当前，大量商贸设施在投资之初的项目定位环节非常薄弱，更有甚者规划定位是在物业结构设计完成后再进行的，这种项目定位的后置为招商、运营带来巨大风险。同时，部分项目存在着“生搬硬套”现象，在没有深入分析当地市场差异的情况下，主观臆断“照着做”必然造成项目“水土不服”。为避免上述风险，项目投资必须围绕设施价值链展开，必须在过程中将价值链后端风险尽量提前评估，严格产品规划，深入品牌调研，做足消费者访谈，让商贸设施能真正代表市场呼声并最终满足目标客户的需求。这样在拿到土地后才能直接建设，不但不必为项目的招商和经营发愁，而且可以实现快速周转性。商业设施是一项涉及面广、不确定因素多的复杂工作，特别需要系统化、标准化的节点管控，只有将每个环节工作精准衔接到位，才能有序推进，确保准时开业。

（三）系统化思维

在商贸设施投资风险防范对策中，系统化思维是最重要，也是最根本的对策。系统思维不但要求能够可以对项目进行专业细致的分析，而且要求能够在真正发生风险时及时止损，要么放弃原项目的投资计划，要么中途停止正在进行的投资。第一种情况发生在投资建设前，如果原计划投资的设施因形势变化，发现该投资无利可图，在投资前期就决定放弃这项投资。这样，由于没有了投资行为，也就避免了投资风险。第二种情况是投资已经在进行，比如购买了土地使用权，准备建设或已经在建，这时由于市场变动，市场竞争加剧或市场开始不景气，商业经营困难，未来不确定性增强，又或是企业自身出现了资金链的问题，项目无法进行继续建设，投资商则应该暂时停止项目或想办法退出该项目。

第三章　商贸设施规划体系

规划是对行事方向、过程的一种思考，设计是对与规划目标有一定关联性行动的提案，规划是“面向未来应该做什么的一种思想决定”，而计划则是“将这一决定落实为行为的方法”。与规划和计划类似的还有战略等名词，不同的规划具有不同的特点和不同的侧重点，有时互相之间的界限非常清晰，有时又很难区分。从总体来讲，规划是为实现所设定的未来目标，而设计则是对从现在开始应该采取的行为、方法及其步骤的理论性，以及实施可能性的战术论证。

人们在进行某一行动前，事先总是会根据自己所处的立场，设定行动的目标及行动的方式，通过不断地比较论证，选择最好的方案，决定将来的行动内容。商贸设施的规划涉及城市全体市民的利益，其影响的范围和内容非常广泛，这就要求必须提前进行充分的科学论证，选择最适合的规划方案。商贸设施的规划内容主要包括投资分析、功能定位、空间设计、运营管理等方面。在商贸设施规划过程中，规划主体决定了规划特性，包括规划范围、规划目标、规划手段等。一般来说，规划主体有私益性主体和公益性主体两类，私益性主体包括个人主体和企业主体，公益性主体包括公共团体、政府等带有公共性质的组织和机构，公益性主体以追求公共利益为主要目标，私益性主体以追求投资利润为主要目标。

诚如亚里士多德所言，人们为了美好生活而齐聚城市。城市的商贸功能区往往寸土寸金，它是商业中心、时尚中心、金融中心、城市中心，创造和汇集了商业财富、就业机会和商业信息，为成功者带来富足而多样的生活，最大限度满足了人们对美好生活的需求。当前，商贸设施虽然在功能上发生了很大变化，但作为连接产业上下游的流通平台，商贸设施不但牢牢掌控着人们的消费终端，而且不断促进着城市的有机更新。同时，不同商贸设施类型之间力争在同一市场体系中获得更有利的商业地位而越发激烈的竞争。

商贸设施规划的主要内容包括如何定义城市与商贸设施的关系、如何协调不同商贸设施的作用、不同城市之间（如大中型城市与中小城市及乡镇）在商贸设施规划中存在哪些差异、从哪几个层面对商贸设施进行功能和主题定位、他们的规划要点有哪些、建筑设计与商业规划之间的关系如何处理等多个方面，这就对商业功能、主题定位、空间布局和运营管理相结合的科学规划提出了更高要求。

第一节　规划内涵与外延

一、商贸设施规划内涵

商贸设施规划是一个抽象而复杂的概念，有着较丰富的内涵，要想准确、完整地把握它，至少应包括以下几个方面：

（一）均衡商业功能与城市的关系

商业功能和城市关系是商贸设施规划中的两个主要概念，既有区别又有联系。商业功能是指商贸设施所承载的经济、文化和生活方面的任务和目标，以及基于这些商业作用的发挥而产生的社会功能，要做好一个城市的商贸设施规划首先要对每一个商贸设施的功能有一个明确的界定，必须保证这种商业功能与城市发展需要相一致。

商贸设施的功能宏观上必须依赖于城市发展对商业职能的要求。城市是生产与生活高度集中的场所，具有各种复杂的职能。在这些众多城市职能中，对城市发展起决定作用，能够反映城市个性和特征，并使之能够区别于其他城市，往往称为“城市名片”，比如知名旅游城市、知名商业城市、知名文化城市等。与城市主要职能相对应的是城市的“辅助职能”，虽然城市辅助职能不能决定城市的性质，但往往在某一区域中却可以发挥最主要的作用。要具体确定一个商贸设施的功能规划，必须首先考察、分析和研究它所处城市、区域中的职能，只有从城市宏观上将商贸设施的功能和演化与城市的发展联系起来，既要考虑设施在短期内满足居民市场消费需求，更要考察设施在城市一定历史时期内政治、经济、社会、文化中所应承担的作用和地位。

商贸设施的功能和城市职能既有联系又有区别。从联系而言，商贸设施的功能是反映城市某一职能的商业需求，确定商贸设施功能一定要进行城市职能分析；从区别而言，商贸设施的功能绝不完全等同于城市职能。城市职能分析一般利用城市的现状资料，得到的是现状职能，而商贸设施一般是服务于未来城市规划期内的目标和方向。商贸设施功能与城市职能的对应关系也不是一对一的关系，一种城市职能可能需要多种商贸设施来满足，而一个商贸设施也可能包含几个城市功能，只是不同商贸设施之间在反映城市职能时的强度和范围各不相同。由于城市职能是先于设施规划而客观存在的，而商贸设施的规划明显带有主观意向，因此，在进行商贸设施功能规划时，只需要抓住与之关系最紧密、最直接、最主要的城市职能。

商贸设施的功能定位也不是一成不变的，它会随着消费和城市发展变化而变化。商贸设施的功能是建立在城市主要功能这一基石上的，一个城市的主要功能一旦改变，商贸设施的功能必然随之改变。有的城市某一主要消费群体或消费需求特别突出，其他均为辅助功能，这样城市的商业设施性质比较容易确定；有的城市主要功能有两个或两个以上，其他为辅助功能，这样就成为兼质城市，商贸设施的性质也就变得更加多元。实际应用中，低级城市会不断向高级别城市演化，而高级别城市也会不断发生自我更新，尤其是随着交通设施、远程设施、服务体系等不断完善，各城市、城乡、乡村之间的功能差别越来越小，城市之间的职能划分越来越不明显，对各类城市的确定，常常取兼质表述的办法，即将两种或两种以上的主要功能并列。

（二）协调广义与狭义的规划范围

狭义上，商贸设施规划是针对某一具体项目的商业定位、空间、运营的规划方案，广义的商贸设施规划还包括城市商贸设施的网点规划、选址规划、投资规划等。实际上，广义的设施规划是狭义设施规划的外延。对于一个具体商贸设施而言，主要功能常常集中于一项或两项，功能太多太杂反而无法体现其功能性，项目最具竞争力的业态类型往往是设施功能的主要体现方式，必须要基于客观存在的消费需求。在商贸设施的规划中要注意区分设施规划的共性和个性。所谓设施规划的共性，是指在所有商贸设施中都具备的一种总的概括，是对商业主要职能的总结和归纳。如通常所说的城市是一个国家或地区的政治、经济、文化中心就是指城市共性而言的，它是区分城市与非城市的主要标志，反映的是城市职能的普遍性，比如零售商业、批发商业、旅游商业等。商贸设施规划的个性则是就决定该项目的具体而言，其主要功能、主题、品牌等与决定该项目以外的其他因素的特殊性而言的。

（三）不断完善科学的规划方法

随着技术的发展和科技的进步，规划研究方法已有了巨大进步。近年来，大数据、云计算、GIS/GPS、卫星成像等技术已开始广泛应用于城市规划和设施规划的研究领域，尤其是随着商业领域社交大数据的广泛应用，为设施规划注入了新的活力，也提出了新的挑战。当然，大数据在当今世界仍然是新生事物，目前的很多规划方法仍处于探索性应用阶段，离真正的“智慧”还存在较大的差距，真正依托大数据的规划应用才刚刚开始。

综上所述，商贸设施规划为设施投资提供科学依据，明确商贸设施的功能及主题定位，为确定合理的商贸设施建筑形态提供决策依据，为提高商贸设施的经济与社会价值提供决策依据，更有助于提高商贸设施的运营管理水平，促进城市的持续健康发展。

二、商贸设施规划外延

根据商贸设施规划需求主体的不同，规划具有几种不同的用途。一般可以将商贸设施规划分为三种类型：第一种是政府部门强制或引导性规划，大体上包括商贸发展规划、商贸网点规划、商业业态指导意见等，这类规划往往从政府和城市发展的宏观角度为商贸发展的供地、规模、类型等进行了限制，对城市商贸设施的整体发展具有宏观上的指导意义；第二种是政府部门针对服务公共性商业的需求，对公益性或半公益性的商贸设施做出的规划要求，这类设施的规划主要考虑的不是商业效益，而是城市发展、公共利益、便民服务，是对市场不能提供或不能完全提供设施的有力补充，往往包括一些低效益的商贸设施，如工业园、物流园、创业园等配套设施；第三种是最常见的一种商贸设施规划，以服务投资主体为目标，主要满足投资者对商贸设施的投资要求，为投资者获取合理的投资回报提供科学合理的决策依据。

（一）政策性商贸规划要点

国内外研究与实践已表明，商贸流通业在连接生产和消费方面起到关键性的作用，其重要性不仅体现为促进生产、引导市场、激活消费，更重要的是在推动城乡要素流动、增强城乡产业互动、加快城乡文化融合、增加居民收入等方面也具有重要作用。因此，科学规范的政府商贸规划是加快经济发展的重要抓手。政策性商贸规划的要点在于正确处理政府、区域、产业与市场、设施的关系，充分发挥政府在规划、调控、监督、服务方面的作用，建立以市场为主导的商贸流通体系，形成市场持续繁荣发展的良好格局。

商贸业发展规划是基于现有市场基础，为实现经济全面、快速、协调、可持续发展而做出的一种长远的战略性安排，是城市总体发展规划的重要组成部分。通过商贸设施规划引导投资发展方向，是符合经济运作规则的政府调控手段，也是城市优化资源配置，提高综合服务功能，协调生产、交换、分配、消费的相互关系，确保地方经济稳定、健康发展的必要前提和手段。通过规划对商业布局和整体发展进行引导，抑制部分区域和领域的投资建设盲目性、重复性及低效率问题，建立统一开放、竞争有序的设施格局，有效引导商业设施布局调整、业态优化、运营提升，提高城市现代化水平和综合竞争力。

一要重视基础数据的调查与分析，确保规划的科学性。商贸流通业的发展涉及社会发展、城市变迁、民生优化、消费习惯等多方面的因素，涉及的数据指标也复杂多样，在收集整理数据资料的时候一定要多方面尽可能多地取得真实数据。

二要重视政府各部门间的沟通与协作，确保规划的严肃性。规划编制是整个城市的一项综合性、复杂性项目，涉及产业、用地等协调，从制定到实施，是一项系统性、战略性工程，单靠某个部门的力量是难以完成的，需要各相关部门密切配合，通力合作。在编制工作过程中，各部门还需要经常性地沟通、交流进展情况，与地区（城市）发展规划部门充分协调，争取各方面的支持，杜绝由于缺乏良好的沟通协作、多个规划不衔接、各部门各持己见、各有一套发展思路等问题的发生。另外在规划中，尤其是网点规划过程中还应充分听取现有经营者的广泛意见，唯有如此，才能在规划编制完成后确保其严肃性、科学性和可操作性。

三要把握产业升级的趋势，确保规划的生命力和可持续性。随着产业的不断发展，产业之间的代际转换会对商贸发展产生巨大影响。改革开放40多年间，我国第一产业增加值及就业人口不断下降，第二产业增加值及就业人口趋于稳定，而第三产业对经济增长的贡献率及就业人口不断上升。这一产业结构演进规律已在我国城市化进程中表现得越来越明显，商贸设施规划必须要在新时代产业结构调整的大框架下，均衡区域、产业特点，突出重点方向，促进商贸流通业向产业化、集群化、专业化的道路发展。

新时代背景下，我国商贸设施规划应该重点关注以下方面：一是加快城乡商贸设施结构优化。加快提质改造商业基础设施，提升老城区商贸设施档次，打造现代设施功能集聚地；完善城市商业网点布局，“高标准、高起点”建设多类型、多业态、多功能的现代设施项目。二是发展公益性商贸设施。要加大综合性公益商贸设施建设，提升公益性商业服务水平，构建完善的公益商贸体系。三是大力推进城乡一体化商贸设施建设。将农产品批发市场、农贸市场（菜市场）、商业街、农产品直销店、百货店、专卖店、餐饮店、镇办区商贸中心、影院和电子商务、集中建设的社区商业中心、社区便利店、物流配送中心、农产品冷链设施、再生资源回收设施等多种设施，纳入政府商贸设施规划范围，提高规划的严肃性。四是培育一批国际化运营水准的商贸设施标杆。加快推进商贸设施的规模化、连锁化、品牌化经营的骨干企业，引导社会资本投入建设，加快走出去步伐。

（二）企业类商贸规划要点

以企业为主体的商业设施规划，具有地产、商业与投资的三重特性，既区别于单纯的投资和商业，又有别于传统意义上的房地产，也与其他投资产品完全不同。由于商贸设施往往属于长期经营性项目，企业在投资时会非常慎重，科学规划就是要帮助企业获取最大的经济价值。现实中，面向企业的商贸设施规划往往不称为“规划”，而称“策划”，其核心内容包括商贸设施的价值判别与发展定位、投融资计划、经营匡算、空间构造和设计、商业经营计划等。

1. 商业用地的定位规划

针对已经完成拿地或准备拿地的投资者，选择投资什么样的商贸设施类型才能实现价值最大化是规划的首要任务。在进行设施规划时，要注意从“需求满足型”向“价值取向型”转变，要结合城市发展阶段、定位、商业现状、未来空间等方面，准确预估商贸设施的需求程度，这种价值判别将为项目的客户定位、建筑定位、形象定位和价格定位提供参考。

2. 商贸设施的投融资规划

投资者为筹措资金，赢得投资人（银行、基金、信托机构、独立投资人、投资公司、开发商等）的青睐和认可，必须事先制订系统、科学、完善、可实施的项目可行性报告，描绘完整可信的投资收益“路线图”。根据投融资方案，企业可以寻找潜在投资人、建立融资渠道，并评价融资方案的成本与收益，选择最合适的方案。例如，如果有银行贷款和投资人出资入股两种方案。银行虽不分配利润、不干涉经营管理，但要贷款利息；后者不要利息但要参与分配利润，介入公司经营管理，究竟如何选择，应具体问题、具体分析。

3. 商贸设施的商业规划

在商贸设施的开发和运营中，商业功能定位是规划的核心和关键，也是设施成败的最重要环节，包括设施类型、规模、主题、品牌以及运营管理等各个方面。针对一个商贸设施规划，首要的是选择合适的消费群体，构造出项目的成长空间和价值空间，把参与商业物业开发和运营的各方利益有机地联结起来，如果没有深厚的商业理论和实践功底，绝不可能制订出完善的商业规划。

4. 商贸设施的设计规划

建筑设计主要指商贸设施的具体表现形式，是各种商业功能的外观展现，除一些业态对建筑空间具有明确的一些物理要求外，还有诸多没有明文规定的设计“潜规则”更需要重点关注，比如外立面与主题的吻合度、外部动线与区域交通的一致性、内部动线与空间视觉的协调性、楼层之间业态的契合度等方面，这都对商贸设施的建设设计提出了较高的要求。传统建筑设计更加关注“空间创意”带来的纯建筑领域的创新，而欠缺对商业价值的深度挖掘。值得肯定的是，现在越来越多的建筑设计公司已经开始引入专业化商业顾问人才，进而实现优化建筑设计与商业经营之间的互动关系。

5. 品牌招商规划

商贸设施的投资者往往不会直接参与实际品牌的经营，因此，招商成为商贸设施，尤其是大型商贸设施必须面对的挑战。投资者对商贸设施进行投资后，第一要求是尽快开业并实现盈利，但品牌商户也需要对这一设施的商业前景进行评估，如果评估结果较为理想，则愿意支付租金并入驻；如果评估结果不理想，则不愿意支付租金，更不愿意入驻。这种对同一设施商业前景和商业价值的不同判断，在设施投资者与品牌经营者之间往往产生偏差，导致招商难、开业难等问题的发生。这就要求在进行设施规划时，提前从不同的角度对品牌商户的招商工作进行提前预估，尤其是提前识别、储备、对接有入驻意向的商业经营者（品牌商），是品牌招商规划中的重中之重。

6. 运营管理规划

商贸设施运营管理涵盖的范围很广，从物业管理到企划推广，从客户服务到税务筹划等方面，尤其是随着网络科技、数字技术的发展，运营管理已从单纯的线下管理转化为线上线下一体化运营管理，而运营过程的计划、组织、实施和控制是运营管理规划中必须关注的，也是商贸设施持续繁荣运营的基本保障。

7. 智慧商业规划

随着互联网、物联网、云计算、大数据、移动终端技术的快速发展，对商贸设施的智慧化要求不断提高。智慧商业的实质是以信息技术为支撑，实现整体商业效能的提升。传统商业大多不使用数据，数据也不多，它们收集数据的成本非常高。进入数字经济时代，大数据应用变得普遍，不管是产品数据还是消费行为数据，商贸设施都可以沉淀下大量数据，未来的商贸设施规划必须要以大数据为基础，用算法推动商业智能，深入挖掘消费意愿，提高设施价值，这就使传统基于个体经验的分析被以大数据为代表的智慧商业分析所取代，这也是未来商业创新的重要发展趋势。

三、规划的局限性

规划虽然非常重要，但因主体、目标、对象、手段以及分类等方面内容的广泛性和多元性，科学和技术工具的发展也制约着规划的发展，使得规划本身也面临许多局限性。

（一）规划目标的时效性

规划是基于已设定的目标和条件，找寻最合理的行动纲领。显然，目标和条件会随着时间的变化而变化，比如在经济增长期制订的城市开发、工业园区建设等规划，由于经济下滑、技术革命等市场状况和环境的变化，与当初规划的目标产生了矛盾，而达成目标的手段因市场的变化和技术的发展也变得不再适用，或者是规划目标与规划方法不吻合。因此，规划目标、实施手段在长时间的实施过程中发生变化，而导致规划内容不适应是不可能避免的，现阶段的规划结论并不是具有普遍意义的绝对正确，而只是一个特定阶段的最佳现实选择（即从几个可选方案中选择最佳的方案，是比较合理的安排，而不是最终的理想状态）。

（二）规划方法的模糊性

不管规划者运用如何精致的规划理论和方法，规划预测的精度要达到百分之百也是不可能的，也就是说规划方法的误差总是存在的。在市场经济体制发展的过程中，规划实施的对象、时间、手段、资金等往往会随市场变化而变化，规划可预测的范围较小，而不可预测的范围更大，即使有了信息技术手段和大数据的支持，但规划预测的精度仍然有限，在必要时进行规划修订依然是必需的。

（三）规划过程的茫然性

在社会发展中，不只规划的时间和对象会发生变化，比如，行政区划的调整，交通设施的发展引起区域范围变化等。然而，这些可能引起规划根本性变化的因素，在规划分析时却难以被清晰地界定出来，因此规划中难免存在较大的茫然性。特别是社会经济发生剧烈变化的时期，规划的茫然性更大。因此，在有限的空间和时间内制订切实可行的规划，避免规划过程中的茫然是做好规划分析的基本要求。这就要求在制订规划时，应该把握时代发展的方向，提高对规划本质的认识，加强对规划方法的研究，把规划的理论研究与规划实践更加紧密地结合起来，从实际出发不断调整和提高规划水平，促使商贸设施的建设更加有序、科学、合理。

第二节 规划选址要素

一般情况下，商贸设施的规划选址都需要在政府专项规划范围内选址建设，对在规划区中不能安排却非常必要的商贸设施，也可考虑在城市规划区外建设。通常可以通过一些量化指标来表示土地利用、交通等现状及将来的发展趋势，帮助确定设施的规模和位置，也可以通过对已有商业项目进行判断。那些占据了人口地理分布的重心、交通站、枢纽站点等都是一般意义上好的选址，一般最简单的方法就是通过地价来反映哪些是好的选址。在城市规划中，要对照政府对该地块在容积率等其他政策性限制条件，同时考虑企业自身的投资强度和对项目的战略目标定位，明确土地用途与建设项目的兼容性，实行对包括商业设施在内的各类城市设施选址的科学管理。

商贸设施的选址建设是一种特性鲜明的固定资产投资项目，一旦建成将在相当长一段时间内保持其相对稳定性。要提高商贸设施的回报，就应尽可能选址在辐射范围广、市场需求大、发展速度快的区域，如果为了通过商贸设施的建设带动区域的发展或城市的扩张，则最低水平的商贸设施建设也是不可缺少的，例如国内很多新城区的建设都是商贸设施起到引领作用，这种情况下如果仅通过对已有市场的分析是很难得出合理结论的。

第三节 商业定位规划

商业定位规划是对项目的项目功能、市场形象、商品级次、经营品牌等进行定位，商业定位的准确与否直接关系到项目是否会成功。商业定位必须以市场调研为基础，市场调研既包括对宏观市场的研究，也包括对项目自身情况的研究，对后续规划有不可替代的作用。市场调研为商业定位提供最基本的依据，调研的结果将直接影响项目定位是否精准，关系到招商规划、招商政策、租金水平、品牌目标和招商策略的制订，市场调研内容包括城市概况、城市商业环境、城市消费环境、区域环境等。

（1）城市概况。商贸设施与城市的自然、人文、规模、规划、交通、经济、产业等各个方面相互融合，在对商业项目进行定位时，必须事先收集足够的基础性信息。

（2）商业环境。城市商业环境分为商业宏观环境和区域商业环境。宏观环境为项目定位提供基础依据，商业项目规划要放眼宏观环境，把握经济动向；而区域商业环境则对商业定位具有更直接的影响。对城市区域商业环境调研的重点包括市场结构、主要商圈及重点项目和现有商业资源、消费习惯等。城市商业一般由百货、购物中心、专业市场、批发市场、餐饮娱乐场所等不同商业形态组成，采集商业结构数据便于分析城市的区域商业环境。对主要商圈进行调研时，要了解城市商圈与项目远期规划的相关性，要着重分析本商业项目与当地各个商圈的关系，其中，商圈内的重点项目集中反映了商圈商业环境状况，因此要对重点项目进行深入考察和调研，包括项目的地理位置、建筑面积、商业面积、交通状况、市场定位、开业时间、楼层分布、业态布局占比、具体品牌、租金水平、租赁年限等；商业资源主要指商家及品牌资源，要从品牌数量、经营规模、业态品类、重点品牌、直营代理情况、经营渠道等方面进行调查，以此判断城市商业资源是否丰富，用于指导业态规划和招商规划。

（3）消费环境。城市消费环境包括消费人口、消费水平、消费结构和消费习惯等方面。通过对消费环境的分析，有利于明确未来项目的业态规划、商品级次和品类组合。其中，①消费水平：包括城市人均消费能力和城市消费总量。②消费结构：可以从两个维度衡量，一是各项零售商品的消费占比结构；二是由不同年龄、消费能力组成的消费群体的结构。对消费结构的分析将有利于指导项目的业态规划和品牌定位。③消费习惯：消费习惯是人们长期维持的对于某类商品或某种品牌的一种消费需要，它形成于人们长期生活的积累，稳定的消费习惯对购买行为有着重要的影响。

（4）区域环境。区域环境调研与城市概况调研的大致内容基本相同，相比城市环境，项目区域环境对项目定位的影响更为直接和明显，是在城市调研基础上对区域状况进行更为深入的分析，主要包括区域现状及发展规划、区域交通、经济状况、商圈及竞争对手等，其中，区域商圈及竞争对手的分析是重点任务，必须明确未来项目与商圈现有产品之间的竞争与共生关系。这就要求首先要能从商圈整体发展的大环境中找准竞争对手，分析在同一商圈中分布哪些商业业态，通过对这一信息的分析，能基本得出该区域的消费水平和消费习惯；其次，研判竞争对手的商业定位、经营策略、经营业绩和经营趋势，通过这些分析为形成差异化竞争定位提供决策参考。

一、商业功能规划

商业功能规划是对项目的主要商业功能、产品类型、市场形象、品牌级次、经营规模等进行定位，其中按照优先顺序应该提前界定项目的商业功能（批发、零售、物流、商旅等），然后对产品类型进行界定（以零售为例要确定商业街、百货、购物中心、折扣店等产品类型），再对市场形象等进行界定（比如主题型、综合型，或核心商业、副中心商业、社区商业等），然后是品牌、规模等方面。在考察不同商业功能时，可以对某一类型设施的利用次数、利用价值、利用费用以及到达和利用所需的时间等关系进行分析。例如，当利用时间和费用不超过某一极限时，则某类设施可能被利用，利用次数随着费用的增加而减少。当设施有一定的利用价值时，则利用次数与利用价值成正比关系。也就是说，利用次数同时受费用和利用价值的影响。在利用价值一定的前提下，随着距离的减少利用次数的增加并不大；而在距离一定的前提下，随着利用价值的增加利用次数却增加得很快。这说明，在高利用价值的商贸设施与低利用价值的商贸设施选择时，可以根据消费者可能的利用次数反推出哪种设施更加合理。

另外，对设施商业功能的选择也可以通过设施服务水平或需求和供给的满足关系进行判断。一般情况下，当某类设施的供给超过居民需求时，居民容易得到满足；反之，则不能得到满足。例如，可以从居民的购物满意度数据得到对某类设施的满意程度，再以设施的数量或服务距离等作为影响因素建立分析模型，这个模型就可以通过居民对设施服务的满足度来分析城市中哪类商业功能未得到满足，以及存在哪些不足之处。当然，基于居民满足度与设施数量之间不一定完全对应，有时虽然设施的数量在不断增加，而居民的满足率却有可能降低。

由此可见，根据不同设施在等级、规模等方面的不同要求，合理确定商贸设施的空间布局、规模、主题、组合方式等，满足城市居民的需求，是商贸设施布局规划的基本内容。

二、商业业态规划

商贸设施的业态规划需要根据项目定位及建筑条件（体量、空间结构等）进行科学规划，从而确定项目所含业态种类、空间分布及比例，并制定相应的业态规划及品牌组合方案。业态规划是建筑设计和前期招商的纲领性文件，是招商实施的行动指南，对商贸设施的运营管理具有重要指导作用。一般商贸设施的业态选择和规划应符合三个原则：（1）定位优先原则；（2）功能完整性原则；（3）业态相关性原则；（4）持续创新原则。例如，某购物中心需要进行业态规划，一般会涉及零售类业态、休闲娱乐业态、餐饮业态、体验服务等业态，而在每种业态中又可以按照业种进行分类编配，从而实现商业利用率、联动销售、运营管理的最好效果。

1. 零售业态

零售业态从设施类型上包括百货、超市、便利店、专业店和专卖店等，而从不同的业种、品类的角度又可以分为珠宝首饰、鞋包皮具、服装、家居日用等，而每种零售业态在规划时都要对其品牌档次、运营能力、客户类型等进行综合性考虑。

2. 休闲娱乐业态

休闲娱乐业态往往包含电影院、KTV、电玩城、溜冰场、酒吧、健身馆等，与其他业态不同的是，休闲娱乐业态更强调消费者的参与和互动。休闲娱乐业态在选择相关业种时，会更多考虑与其他业态的关联与互动，以及作为独立主力店品牌的客流吸纳能力。休闲娱乐业态是现代购物中心满足消费者一站式消费的重要组成部分，具有群体消费和重复消费、体验式消费的特性，可以增强购物中心的业态丰富性、体验性和创新性。

3. 餐饮业态

餐饮业态是体验性消费的重要代表。国内知名的购物中心领军企业家说“中国的购物中心不是卖出来的，而是吃出来的”，可见餐饮业态的重要性。餐饮业态具有极强的聚客能力，能充分满足人们社交和家庭生活的需要。餐饮一般可分为：中餐（商务宴会餐、一般正餐、简餐、锅煲等）、西餐（洋快餐、轻餐、其他）、咖啡水吧等。餐饮业态一般安排在商贸设施的较高楼层，可以促进客流由上而下流转，形成花洒效应，对拉动设施消费人气起到重要作用。规划餐饮业态时，应注重口味的丰富性，避免口味重复。只有丰富性的餐饮才能最大限度地为消费者提供多元的选择，同时，也要充分挖掘地方餐饮资源，缩短消费习惯的培育期。

4. 体验业态

体验业态是近年来在大型商贸设施中作为增值服务的创新业态，是对商贸设施生活体验功能性的完善与补充，相比传统零售业态而言，体验业态更注重对消费者服务的价值创新，对空间和环境的要求也更高。体验业态对消费者的黏性较强，消费者停留时间较长，易于形成稳定的消费客群，有利于培养稳定的消费群体和消费习惯。

（1）商业功能定位对业态选择的影响。不同城市不同区域的商贸设施，因其承载的基本功能有较大差异，业态组合的区别也十分明显。例如，某城市型核心商贸设施，除设有百货、大型超市、电影院、KTV、儿童零售卖场、服装服饰、餐饮酒楼外，还设有家居家饰、图书城、食品专业店、黄金珠宝城、数码卖场等，业态齐全；而一些区域型的商贸设施主要由百货、超市、电影院、KTV、电玩、儿童娱乐、时尚服装服饰和风味美食构成，以满足周边居民生活、休闲、娱乐的基本需求。

（2）商品级次定位对业态选择的影响。不同档次的商贸设施，其在进行业态及商品级次选择时也是不同的。例如，精品购物中心通常选择零售业态为主，并且以国内外级次较高的品类为代表，如奢侈品、名品、高端餐饮、精品超市及各类有固定高端消费群体的体验业态；时尚购物中心通常选择具有较大人流吸引力的新兴业态，同时重点考虑引进各业态中的时尚品牌，在确保人气的基础上保持整个项目的时尚格调；生活购物中心通常选择生活超市、美食广场及健身、教育、美容、美发等传统业态，在品牌上也更加亲民和注重性价比。

三、商业业态编配

业态编配主要涉及三个方面，即业态配比、业态布局、营运管理。

（一）业态配比

为了将商贸设施的面积合理利用，必须对各业态进行合理的编配，合理的业态配比能够促进品类结构优化，更好地满足消费需求，提高聚客能力。业态配比应遵循以下原则：

（1）适用性：根据不同业态的要求，提供合适的商业面积和商业位置。

（2）高坪效：在满足适用性原则的基础上，尽可能地提高商家数量，以提高销售坪效。

（3）互补性：业态要实现差异化，避免重复，注重业态间的关联消费，业态组合要符合目标消费群的需求。

（二）业态布局

业态布局是对商业定位进行深入、准确的空间解析，找准与之对应的主力客群及其消费习惯，进而明确主要品类和经营品牌，最终落地到设施中具体的空间位置。一是要项目空间解读：对项目进行反复研究，做精确的定位分析，明确哪些具有支柱性的业态品牌要优先给予良好的空间选择，使其发挥出主力店的功能。二是要了解消费动线的特征：要分析主力客群的构成特征、行为习惯、消费特征，不同地域不同客群的消费行为存在较大差异，必须按照不同项目的动线特征安排业态布局。三是要摸清品牌商的运营能力，是否能够支撑其选址和运营要求。四是对商业竞争对手进行分析，尽量差异化定位，只有认真剖析与深化定位，才能明确主要业态类型及品牌选择范围。同时，通过定位深化，加深招商人员对项目的认知，从而更精准地做好招商工作。

在定位深化后，按照不同楼层、不同区域、不同品类，由整体到局部，从主要到次要，从主力品牌到辅助商业的路径，对业态、品类、商家进行细化及合理布局。业态布局和衔接首先要认真研究城市动线和项目动线，明确主次通道及冷热区域，根据业态消费者特性，结合项目自身经营需求，兼顾突出商业主题和品类搭配习惯，使各个业态之间衔接顺畅、合理，构建舒适及流畅的消费区域关系，对商贸设施来说，业态落位衔接的合理与否是能否确保后期运营过程中客流动线流畅、商铺获客率高、总体销售好的重要因素。

业态衔接需遵循以下原则：

（1）零售业态是利润的重要来源，因此应该放在最热门的区块，并按照品牌级次和客单价高低对品牌商户在冷热区块间进行配置，所谓的“金角银边草肚皮”往往在这一过程中发挥重要作用。

（2）娱乐业态属目的性消费，因此可以适当的放置在偏冷门的位置，通过业态自身的带客能力带动周边区块的客流集聚能力。

（3）餐饮业态也是目的性较强的业态，一般会放置在较高楼层，布局会相对集中，从而形成规模化。

（4）商辅及体验业态的位置会根据项目定位的不同而变化，对于以零售业态为主体的项目，商辅业态会起到承接和辅助的作用，而对于本身以体验为主题定位的项目，则很强说谁为谁做补充。一般来讲，商辅和体验业态的目的性消费强，商户的承租能力差，消费者的重复消费欲望不足，因此往往会放置在冷区、次通道等位置。同时，商辅和体验业态往往会在不同业态之间发挥穿插、过渡的作用。一般会涉及以下两个维度：

第一，功能互补性，即功能特征或消费客群互补明确的业态彼此相邻；

第二，消费促进性，即客群消费特征会因为其他业态的存在而得到提升。

在进行业态布局时要把握以下四个原则：

（1）唯一性：同一品类不能重复出现，避免内部销售分流，降低项目整体竞争力，同时也不利于项目特色经营业态的形成；

（2）丰富性：切忌品类规划中存在明显短板，丰富的品类规划有利于实现快速旺场，引领并改变当地的消费观念和生活方式，同时能带来整体租金收益的稳定增长。

（3）关联性：针对类似消费群体，将同一客群喜好的品类集中于一个区域以增加销售选择机会，促进客流与销售转化率实现最大化。

（4）针对性：品类规划要符合区域消费文化和区域设施特色，有针对性地选择空间布局。这有利于在不打破消费者已有消费习惯的前提下，帮助他们在最短的时间内找到自己想要的商品或服务，达到快速成交、促进其他消费的目的，提高消费满意度。

（三）品牌规划

品牌落位规划是服务于项目招商的实施指导方案，是将品牌招商难题进行前置化思考的有效途径。一是要严格依照商业定位进行预招商。二是要严格执行品类规划进行预招商。三是要严格评估招商可行性进行预招商。在充分对商业资源和招商可行性进行评估的情况下，选择代表性品牌全面沟通，尽可能形成确认协议或预缴存保证金，保证今后项目招商的执行落地。四是既要在创新业态与成熟业态之间寻求平衡，也要在人气品牌和利润品牌之间寻求平衡。既要积极引进具备一定前瞻性和创新性的品牌，也要保证具备一定市场知名度，当地成熟度高、口碑好、适销性强的品牌，既要关注品牌档次之间的协调性，也要考虑收益与成本的协调性，要有一定的引流品牌，也要有一定的效益品牌，在品牌落位时切忌贪大求洋，一味追求高大上，而忽视了与市场需求的契合水平。

第四节　建筑设计规划

商贸设施的建筑设计规划是按商业定位的要求，为满足商业需要而给出的建筑设计方案，使项目达到与商业营运相匹配的物业条件。具体而言，应根据商贸设施规划阶段所提出的商业功能要求，从整体规划布局、各经营业态的位置、面积需求与布局、商业功能需求与公共设备设施排布、建筑整体商业环境效果与空间环境营造、外立面与内部装饰风格等方面关注投资方对项目建筑的要求，围绕经营管理需求不断优化设计方案，为日后经营及资产的保值增值打下坚实基础。

在建筑设计阶段也要对施工可行性及项目周期调整的可行性进行严格论证，并要一直延续到项目筹备开业完成。其中，一是需要重点关注工程施工的时间是否充分，工程阶段划分是否科学合理，其中也包括不同业态和品牌商户之间的工程节点。二是业态与品牌商户的商业技术指标是否充分满足和得到预留，尤其是一些重要的主/次力商户，比如超高巨幕厅的影院、大型超市、带泳池的健身会所等。三是重点关注建筑强弱电、装修标准、消防、空调、厨房排烟补风、排油污、安保监控、智慧服务等各系统的布点是否合理。四是重点关注施工过程中与品牌招商之间的协调优化，在建筑设计时往往并不能准确预估项目空间的落位品牌，而且不同品牌在不同项目阶段也会产生不同要求，这就要求项目在建筑设计时提前预留业态调改的可行性，为今后的业态调整和品牌招商留足空间。为科学、合理地展现商贸设施的商业定位，有效满足后期商业运营的需求，建筑设计人员、项目开发公司和商业管理团队、专家顾问应共同参与、相互协作、密切沟通，认真对各阶段规划方案进行评审，从方案设计直到施工图设计等各个阶段逐步深入、逐步明确、最终达到指导施工和支撑招商、运营的要求。

一、方案设计阶段

建筑设计人员参照商业定位等前期成果，结合建筑设计规范，提出项目设施的单体设计方案，主要从总平图、总效果图、面积指标、平面空间、功能划分、交通状况和动线分析、主题特征及功能配套等内容。在此基础上，商业运营团队对设计方案提出相关设计要求和优化建议，并通过参与建筑设计评审会，共同落实和解决相关问题，建筑设计人员应该吸纳商业团队提出的设计要求和优化建议，修订出建筑设计的单体指导方案和意见书。

满足项目的商业功能是建筑方案阶段性评审时需要重点关注的地方。这项工作需要从项目商业主题立意出发，具体到局部造型设计和主题元素设计，最后体现到项目的立面设计、装修设计等子集。在这个逐步由宏观到具体的设计过程中，建筑规划的评审要十分明确，阶段性成果必须清晰，商业招商或运营团队通过不断的参与，形成商业管控要点及优化方法，确保建筑设计与项目运营的一致性要求。

各专项设计在满足局部功能及效果表现外，还要考虑整体商业的协同，保证整体设计效果满足商业功能定位和商业使用的要求。由于建筑设计与商业设计是不同的专业类别，极易因为成本、能力等方面的考虑而忽视了对建筑与商业规划之间的一致性要求，其中最常见的就是忽视品牌技术条件，往往给后期招商和运营带来无穷后患。

一个大型商贸设施业态组合极其复杂，不仅涵盖各种规模的商业单元，而且每种业态又有独立的商业指标要求；同时，大量潜在品牌商家（预招商对象）也有不同的技术要求。如果在方案设计阶段不提前对商家技术条件进行全面掌握，将严重影响到施工图设计、工程实施进度、成本控制等。因此，为了使方案设计提前满足商家个性化的技术条件，商业管理团队应与规划院、项目开发公共同研究梳理，确定各建筑、各业态、各品牌的技术要求，保证方案设计阶段的成果完全满足今后招商与运营管理的要求。商家技术条件对接可以按照初步规划、提供反馈、条件确认三个步骤进行，并将对接的对象划分为主力店商家和其他商家两种类型。通常而言，可以根据商家经营面积需求、合作年限、租金水平、管理方式等维度将商家划分为不同的类型，不同类型的商家在进行技术条件对接时关注的重点会有所区别。在建筑设计时，规划设计人员必须协助投资者了解潜在商贸设施的“分摊或负载系数”“有效使用率”等关键数据，因为这有利于投资者比较他们拟投资项目的空间相对成本和效用。分摊系数是指某一设施中可租面积（rsm）与可用面积（usm）的比率：rsm ÷ usm = 分摊系数。假设某一商业设施单层面积为 2 286 平方米可租面积，可用面积为 2 100 平方米，那么这一设施在该楼层的分摊系数为 2 268 ÷2 100 =1. 08，分摊系数为 1. 08。所谓有效使用率是指可用面积与可租面积的比率，以百分比表示：usm ÷ rsm = 有效使用率。在同一例子中，该楼层的有效使用率为：2 100 ÷2 268 =92. 59%。在实际应用中可以对上述公式进行灵活变形使用。值得注意的是，在商业设施签订租约时有时会按照可租面积约定租金，有时会按照可用面积约定租金，这就需要灵活掌握换算方法。

首先是与主力店商家进行技术条件对接。这类商家对技术条件的关注程度比较全面，不仅会对租赁区域的设计提出相应条件，而且对公共物业、相关配套设施等也会提出相应的要求。以大型超市的技术条件为例，其租赁面积较大，会特别关注项目整体交通动线组织、入口通道设计、步道电梯和扶梯设施的位置和动线组织、外立面及广告位设置、室内外停车场要求及公共区域环境控制等要求，同时，其所用的强弱电、暖通、排污、梯位等相对独立，因此对土建、配电、暖通、弱电、燃气、给排水、排油烟及消防等技术条件的要求也比较具体和详细，类似商家的设计可以提前通过制度化的对接流程，采取递进式、阶段性的对接来逐步完善。

其次是其他非主力店品牌商家的设计要求可以参考行业的通用规范，根据预招商过程中的接洽，按照招商可能性的大小或综合考虑多个品牌商的具体要求，尽量使物业设计能够满足因后期招商不确定性的冗余设计要求，为今后的品牌调整和改造施工提供可能。

随着设计过程中对招商及运营条件的逐步推进，项目方与品牌商家之间的商务谈判也需要得到关注，为了保护彼此的利益诉求，双方可以通过相应协议的方式达成设计共识，从而真正实现“订单式设计”的要求，如通过组织商家技术条件对接，使规划设计单位明确商家租赁区域边界及基本的功能区域划分，及时提供双方签约图纸，并据此作为与商家租赁合同签署的基础文件。最终与品牌商户形成的设计方案，对项目开发建设的工期和成本密切相关，招商部门应按照不同项目阶段，组织品牌商户进行现场确认，最终保障按时开业。

二、建筑施工阶段

施工图设计完成后，建筑设计团队将设计图纸交付给施工方负责，施工图的交付通常可以分为一版施工图阶段和二版施工图阶段。一版施工图主要作用是作为后续各项工作开展深化设计的依据，并初步确定基本的商业规划布局及区域功能划分，确定地下及地上建筑施工的依据，项目进行消防性能优化设计的报建基础。二版施工图是在综合各商业业态房产条件对接成果、各专项设计调整意见及消防设计报审意见的前提下，经过机电、土建等各专业调整深化后的施工图纸，是后续指导现场施工的依据。

在正式进入项目施工阶段后，建筑设计单位还需负责设计变更及关键节点的审批，主要管控有以下两个方面：一方面，对关系到设施整体外观、内在功能、设计安全的事项，如在内外装施工及改造、内外墙广告设置、场地设施及地面铺装改造、封样材料的改变、出入口门斗和遮风帘设置等实施过程中，对原设计方案的任何改动，都要经过建设设计和商业团队审批。另一方面，建筑设计单位对设备方案、机电容量、技术标准的调整也需要由招商团队与品牌商户共同把关，当施工过程中面临设计改动时，招商团队与预招商的品牌方都应进行现场技术对接，防止对已签约商户出现违约情况。

三、装修筹备阶段

项目施工完成，并达到品牌商家进场装修的条件要求，是项目进入筹备开业期的基本保障。为保证按期开业，在建筑设计阶段提前对商家进场装修的标准进行规划，尤其是项目公共区域的内外装修务必要提前筹备，同步实施。为使项目后期既不会出现重复施工的浪费现象，也不会因施工不及时出现拖延现场，为保证各业态、各品牌在开业筹备前有条不紊、并行不悖地推进施工，特别是确保商家顺利有序地开展装修工程，除了前期相关商家装修资料、手续准备、管理人员培训、系统的施工现场管理组织外，还要对现场施工条件进行准备，为筹备期的装修材料、运输通道、临时水电设备、垃圾集中收集点、施工人员通道、临时卫生间等提前预留合理空间。

第五节 品牌招商规划

大型商贸设施要实现既定的商业定位与规划目标，必须具备精细化的招商管理能力，从招商政策、商务条款、品牌谈判、签约、市场推广、进场管理、开业辅导、人员培训、运营支持等多个方面进行专业化招商，从而保证项目按计划开业，提升项目的品牌价值和持续经营能力。

制订租赁决策文件是品牌招商规划的重中之重。商业项目的价值要通过租金或其他收益实现，租赁决策文件是明确收益方式、签订招商合约、指导后期运营的重要依据。租赁决策文件的制定必须通过对整个项目竞争市场的评估、投资收益预期以及经济发展趋势和项目特色等因素进行综合判定。租赁决策文件主要包括项目主要经营指标、分业态经营指标及相关招商条款的规定，项目总体指标主要包括可租赁物业总面积、租金单价、总租金指标、租金收取和优惠方式等。

租赁决策文件的制订必须基于目标市场的充分调研。市场调研结果将为租赁决策文件提供重要依据。其中，城市宏观商业环境是制订租金标准的主要衡量依据；项目竞争力分析是制订招商政策的重要参考内容，商业环境分析决定租赁优惠政策；租赁决策文件中对业态占比的考量必须以项目定位为依据，必须以持续经营为目标，而不能盲目地追求高租金收益；另外，整体收入测算是制定租赁决策文件的关键步骤，收入测算应依据项目投资计划，分析单位面积物业成本、经营管理成本等因素，在综合考虑项目经营目标的基础上进行科学分析。

一、合同租金

租金测算通常会采用几种方式、多维度进行同步比对，最终得出一个较为准确、合理的结果，主要方式有项目指标测算法、市场比较法、商家反馈法。（1）项目指标测算法：根据项目资金的投入，比照行业平均投资回报，测算出项目总体收入要求，倒推出年化收入目标，并进一步转化为租金标准。该方法指标只能作为长远收益的参考，不建议直接作为租金的硬性标准直接采用。（2）市场比较法：通过详细的市场调研，取得项目所在城市或同等级别城市3个或更多可比项目的租金水平，尤其是在项目同一竞争商圈中的同质化项目的租金标准，根据上述已有项目的租金样本，并结合项目本身的主客观条件，科学合理地给出租金水平。此种方法能较充分地说明市场现有业态或商家的租金承受水平，一般具有较高的参考价值。（3）商家反馈法：对一些相对独立的主力店或创新性较强的品牌商家，有时需要采取一店一议的方式确定租金标准，这就需要提前有针对性地对3个以上目标商家开展洽谈，分析不同商家的经营能力及租金承受水平，结合项目本身特点给出可以实现多方共赢的租金标准。

在项目与品牌商家的商务条款中，根据租金的支付方式不同可以将租赁分为几种不同的模式：（1）整个租期内合同租金保持不变（固定租赁）；（2）在规定日期租金金额或百分比发生变化或增长（累进租赁）；（3）合同租金根据某一指数变化而变化（指数租赁）；（4）租金变化是基于租户销售总额一定百分比（百分比租赁）；（5）基于预先协商的合同租金定期变更租金（定更租赁）。其中，固定租金是指租期内合同租金保持不变（不会增长）；累进租金是指合同租金在规定日期（例如每年或每五年）按规定的金额或百分比上涨。虽然租期内租金金额不同，但在租约开始时确定所有的租金金额。因此，除非租户违约，否则在租约签署时就知道所有的租金金额。指数租金，合同租金与预先指定的指数挂钩。以美国为例，政府会发布一个叫作消费者物价指数（CPI）的通货膨胀指数，其他国家也有类似的指数，租约可以跟若干指数挂钩。例：如果当年的通货膨胀率为3%，那么次年的租金将比当年租金水平上涨3%。指数化可以防止租户租金的实际价值因通货膨胀而减少，所以长期租约中更可能采用。如果其他一切条件一样，业主更愿意在租约中纳入这种抵制通货膨胀的保护措施，因为指数化是将业主的通货膨胀风险转移给租户。百分比租金（扣点）是业主基于租户超过一定量营业额之上所收取的额外租金（除基本租金/保底租金之外）的租赁，在商贸设施的租约中经常可以看到此类条款，业主管理和推广整个项目，通过分享品牌商户的经营利润的方式来获取租金收益，同时也分担了品牌商户担心业主方不会认真经营项目的风险，百分比租金通常按固定期限（季度、年度）计算和支付。

还有一种由固定租金与扣点复合组成的租金方式，即自然营业额临界点租约方式。由于纯扣点业主分担了品牌商户的经营风险，有时也会要求分享租户业务的上涨潜力，但要从租户那里分享到未来的潜在收益，业主就必须现在给予品牌商户固定租金上的优惠，这就是基本租金要低于无超额租金条款租约中的基本租金。其中，自然临界点一般用年基本租金/超额率来表示，例：如果基本年租金为12万元，（营业额）超额率为4%，那么临界点为300万元（120 000÷0.04），即商户经营收入低于或等于该金额的营业额，租户只支付基本租金；但销售高于该金额时，租户对超出部分支付4%作为超额租金。因此，如果租户营业额为350万元，超额租金为（总营业额350－临界点300）×超额百分比0.04＝超额租金2万元。因此，其实际支付的年总租金将是14万元。一些常见的超额率为：杂货店25%；药店3.5%；餐馆娱乐4%等。

二、租赁面积

租赁面积和合约中面积表述的确认是品牌招商中另一核心议题。由于大型商贸设施由多用户共同使用，不同于那些整租或独立使用的设施类型，因此品牌商户不但缴纳入住空间的租金，还要按比例分摊这些公共区域的费用。这就涉及项目方与品牌商户在合约制订过程中，到底应该以建筑面积确定租赁合约还是以使用面积确定合约的问题，如果一个建筑物的公共面积与用户空间的比例低于另一个建筑物，那么该建筑物就被认为使用效率更高。

一般来说，“可租面积”表示建筑物或楼面的总面积减去任何垂直的穿透面，如电梯井、通风口、楼梯等；“可用面积”表示建筑物或楼层的可租面积减去用户以及建筑物的其他用户可用的所有公用区域。在实际操作时，用户有必要提前了解潜在建筑的“分摊或负载系数”和“有效使用率”情况，帮助用户比较该商贸设施的空间成本和承租效用。

三、营业费用

在商贸设施的租赁文件中必须要明确规定项目方与品牌商户之间的权责，以及一些后续装修及营业费用的支付方式。一种方式是包干式租赁合约，将物业费、租金、水电、能耗等都包含在其中，租户在租期内向业主支付租金总额，根据这个金额，业主支付营业费用（财产税、保险、维护、公用事业、清洁和安保费用），这种方式在大型商贸设施的租赁合约中比较少见。另一种方式是净租赁合约，即由租户自己支付所有或部分营业期间产生的费用。对净租赁合约的具体规定会因竞争市场的不同而不同，所以项目方和品牌商户都应仔细检查租约条款内容，尤其是一些容易产生争议的费用，如税费、卡费、保险费和活动费、企划费等。一般而言，业主显然想尽可能将营业费用风险和责任转嫁给租户，因此，业主和租户分担营业费用的程度往往取决于目前市场上标准和双方的相对议价能力。

许多商业租赁包含营业费用的替代处理（妥协方案），在一些商业租约中，业主可以增加费用止付条款。在这种情况下，业主支付的营业费用有一个具体的上限值，通常用建筑物内可租面积每平方米的金额表示，超出费用止付点的营业费用将根据租户在建筑物内入住百分比转移给租户。这些替代方案会明确要求业主支付的营业费用超过最高值（费用止付点）后，允许业主将一定的营业费用转嫁给租户（费用转嫁），或允许业主在租约开始后向租户收取一部分或全部营业成本增长额（基准年费用止付），在租约中使用租赁术语（如毛租赁、全服务租赁或净租赁）时，要明白大多数租约都是这些租赁的混合体。这常见于多租户的批发市场和购物中心设施中，其中，租户的转嫁营业费用会根据租户店铺占整个项目可租用面积（GLA）的比例来计算，或根据租户占整个建筑物总租用面积的比例计算。很显然，如果租约中包含费用止付，往往会引起品牌租房的精神抵触（即使是合理和高效的），这就要求业主方必须向精明的租户提供有价值的条件换取费用转嫁条款，有时业主方需要付出的合同租金要明显低于市场上不含费用转嫁条款的竞争租约，因此这种方式虽然从理论上是最好的，但在现实应用中却并不多见。

另外，在租赁条款中对公共区域维护费也会有明确说明。商业租约中转嫁的公共区域费用是公共区域维护（CAM）所支出的费用，如走廊、大厅、室外和停车场等公共区域产生的相关成本。毛租赁中会包含这些成本，但是净租赁中不包含这些成本。但是不论是哪种情况，它们都是根据租户入住面积占可租总面积的百分比计算的。如果维护成本或税费上涨，公共区域维护条款会让业主受益，因为上涨的费用被转嫁给租户，至少在理论上租户某种程度上也受益，因为公共区域维护收取的费用不能用于其他项花费，确保了物业得到良好的维护，与其他转嫁费用一样，合同租金要低于不含公共区域维护条款租约中的合同租金。

四、租约签订

当项目方与品牌方在合约关键条款上达成共识后，下一步就是正式签订租约。一些项目方会选择在正式租约签订之前与品牌商户签订意向书，将商定的方案具体化到可执行的文件，也有利于项目方提前锁定商户资源。在这个阶段，项目方与品牌方会针对租约文件中的关键条款进行约定，法律顾问的参与和范围可以由各方决定。在租约签订时，通常会反复修改，最终达成一致意见。

事实上，很多项目在招商过程中并不存在固定、统一的“标准”租约版本。项目方会根据品牌商户的具体情况和市场情况来制定租约。但如果一旦双方正式签订了正式租约，则代表这一租约就有了法律效力。虽然租约变化很大，但有效且可执行的租约通常包括以下内容：业主和租户的称谓（法人），各方需要签字承认他们对租约内容的接受；物业描述，用来描述物业的具体位置和现状，包括街道地址、城市地区的地图、政府坐标测绘系统、地区界限等；标的物的合法性，即租赁标的物不得违反所在管辖区的任何法律；要约与承诺：表示业主提供并同意在某些条款和条件下向租户出租物业，租户接受并同意根据同样的条款和条件从业主处租赁该物业；在大多数情况下，超过一年的租赁必须以书面形式才能生效和实施。其中，租金（物业）、合约期限、费用分担、支付方式、违约情况等指标是租赁文件的核心内容。

第六节 智慧商业规划

智慧商业规划的目的是促进网络科技与数据技术更好服务项目本身，建立在信息技术基础上，以系统化、数字化的管理思想为指导，辅助设施的选址、定位、运营等全过程的数字化决策运行平台。当前，实体商贸设施必须积极拥抱网络科技，积极与线上市场相结合，有效利用智慧系统，从而使项目的经营更加高效、精准。智慧商业规划不是建个网站、开发个应用软件或做些网络营销活动，而是涉及整个项目定位、设计、招商、运营全过程的数字化升级，是一种全面的信息化能力的升级，包括线上线下同步、渠道的无缝转化、消费群体的精准定位、收益水平提高。

随着数字技术的不断普及，智慧商业在商贸设施的高效运营和收益促进方面发挥着越来越重要的作用。通过对商业数据的分析，可以获得消费者对产品的偏好关系和需求变化趋势，使商家更好、更深入地了解消费者的消费心理，从而实现精准营销，而在品牌管理和运营管理方面，智慧商业为设施投资者提供了强大的数据分析功能，通过对品牌商家的销售记录、商品配置、服务能力等信息的分析，设施运营方可以为品牌商家提供更全面的配套服务，制订更有针对性的企划活动和共赢方案，实现项目的持续繁荣发展。

同时，越来越多商贸设施开始使用数字科技为提高消费体验。这就需要在规划之初就充分考虑如何建立智慧体验设施，不仅涉及物业的数字技术支持，如网络带宽、端口、网络模式、服务空间、交互平台等，也需要考虑如何建立线上线下融合一体的八大智慧商业支撑体系，见表3－1。一个例子是亚马逊，它通过开设书店、快闪店和高科技亚马逊 Go 线下店，并通过收购全食超市，进入线下零售业。在美国，人工智能（AI）自动售货机构 Bodega 的发展势头越来越强劲，亚马逊全面即将推出亚马逊 Go：超高科技的无人杂货店。许多其他零售商将使用全新的自动结账服务改造他们现有的商店，以便通过移动应用程序或面部识别进行扫描和付款。同时，近年火热的区块链技术也为更多品牌商家提供了跳板，以绕过设施商家直接把产品销售给消费者，这对设施运营商而言可能带来巨大变化。同时，面部识别、智能推送、VR/AR 技术也为现代化的商贸设施打开新的市场空间，不仅让消费者可以远程、真实的体验设施，也可以实现设施与消费者之间的深度互动，激发消费者的更大购物欲望。

表3－1　　智慧商业规划内容

序号	体系	内容
1	物业支持体系	设施物业对智慧商业的支撑配套空间规划
2	硬件运维体系	设施强弱电及网络设施设备的系统化规划
3	功能应用体系	软件应用系统的功能、结构、关系的构建规划
4	数据分析体系	数据应用与转化的模型规划
5	客户服务体系	客户参与模式及应用系统的规划设计

续表

序号	体系	内容
6	绩效评估体系	智慧商业系统的考核体系
7	运营保障体系	智慧商业系统的运营保障规划
8	外部创新体系	设施与外部系统、平台、数据的协同创新体系

第七节 管理运营规划

一、开业管理

商贸设施与其他物业相比，具有规模大、业态多、功能杂、管理难的特点，顺利开业是管理运营的起点和基本要求。项目开业是一个至关重要的环节，是对项目整个前期工作效果的综合评估和实际检验。对此，需要充分进行开业评估，根据项目实际情况，从基础准备和应急预案两方面入手，做好开业管理工作。

（一）基础准备

1. 安全管理体系建立

安全规范是项目运营的重要基础和保障。项目开业前必须由专业管理人员牵头成立安全管理小组，并搭建完善的安全管理组织架构，授权项目负责人全权负责安全管理工作的落实并承担安全管理责任。安全管理规范主要包括安全管理组织架构、设备设施操作规范、开闭店流程规范、管理岗位职责、应急对策及要求等，有效的安全管理制度有助于安全管理工作的落实及推进，让大家明确认识到安全管理的责任及其重要性。

2. 政府职能部门对接

项目开业的基础准备阶段，安全管理工作也是政府关注的重点。项目管理团队应积极配合政府部门，履行相关手续，完成实地验收，根据项目特点，结合辖区内同类商业项目的经验，对开业期间的安全保障工作进行评估，制定完善的保障方案和应急预案，以便更有效地应对现场安全状况及突发情况。同时，商业管理公司要积极与当地治安、交通、消防、城管等职能部门沟通、配合，定期召开现场工作会议，将政府要求及企业诉求有效结合，反复讨论并制定出切实可行的开业方案。

3. 开业方案的制定

开业方案是基础准备工作的核心，开业方案重点包括开业庆典的形式、内容、时间节点、企划活动、品牌参与、促销物料等内容，还包括对交通、通信、系统等其他方面的提前预演。

（二）应急预案

开业准备工作中，要提前对可能发生的突发事件进行评估，制定突发事件应急预案，并进行全员模拟演练，确保突发事件处理的及时、有效。

1. 现场突发事件评估

开业突发事件重点关注火情、人员拥堵及踩踏、偷盗打架、电梯困人、停水停电、水管爆裂、火灾地震、雨雪（恶劣）天气等。通过对以上潜在突发情况的产生原因、风险程度、发生频率及造成的后果的分析，对这类情况可能发生的区域进行重点或分级布控。

2. 突发事件预案制定

突发事件预案的制定重点包括：报警信号、人员安排、职责分配、指挥系统、物资装备、防护措施、抢救过程及流程图等。预案的制定必须有预见性、全面性、有效性和可操作性，能使预案的执行人员在紧急情况下快速反应并直接操作。应急预案主要包括防爆事件应急处理预案、火灾应急处理预案、购物中心盗抢事件处理预案、人员走失应急处理预案、车辆拥堵处理预案、防恐疏散及抢救处理预案、斗殴事件应急处理预案等。

3. 应急演练至关重要

突发事件预案实施的关键在于团队能对其熟练掌握、灵活应对。为了在紧急情况下能够快速、准确地进行指挥和作业，必须提前对开业应急情况进行预案的培训和演练。预案培训一般采用书面培训及现场培训的方式进行，演练采用模拟演练和实战演练的方式进行，以达到让指挥人员和作业人员熟练掌握专业技能和提高心理素质的目的。

二、日常营运

为使商贸设施的规划与开业后的运营能够保持相对一致性，避免出现

“只规划，不执行；只见文本，不见成效”的尴尬，必须对项目运营的前、中、后进行全过程管理，并且将这一管理过程延伸到项目规划成效的整个考核过程中，保证前期各项筹备工作能够按照项目的规划要求推进。

在商贸设施运营规划时，一般以成熟的项目方案为蓝本，将运营管理工作做实、做细，做到可量化，可考核，可追溯。同时，营运管理是一项非常细致的工作，在标准和流程上要充分考虑不同商贸设施的差异，要根据项目实际情况对具体工作节点进行梳理，从而形成完善的运营管理体系。

与运营管理直接相关的一类管理节点包括：工程设施管理、物业管理、业改管理、商户管理、合同管理、企划管理、客户管理、数据管理等，并要以此为基础进一步细化为二类管控节点、三类管控节点。同时，必须注意，管控节点并非越多越好，而是要在保证科学、规范、严谨的基础上，适当为运营管理保留一定的灵活性和创新性。

第四章　商贸设施规划方法

专业、科学、系统的规划方法，对商贸设施的成败至关重要。不同的项目可能会采取完全不同的规划方法，即使在同一项目的不同过程也需要从不同的规划层面进行组合分析，一般包括城市基本面或市场基本面分析、商圈基本面分析、竞争对手分析、消费者/经营户分析等几个层面。

第一节　市场基础面分析

区域性的服务和商品会有大部分来自一些特定的商贸设施，反之，特定商贸设施的规划分析一定要以某一区域性市场为前提。一般情况下，区域商贸设施构成一种相对稳定的商业系统，如果区域内的商贸设施无法满足这些需求，可能会导致区域消费外流；而如果区域商贸设施严重饱和，就会发生设施空置，发生消费不足现象。也有一些消费者对服务和商品的需求在当地无法得到满足，在这种情况下，具有比较优势的城市，会在竞争中表现出更大的消费吸引力，而且这种趋势一旦开始就会更加迅速的发展漫延，最终导致本地市场的消费源源不断地“流出”本地市场，本地设施愈发萧条。例如，随着我国高速路网与高铁建设进程的加快，广大中小城市居民越来越多方便前往大中城市消费和购物，尤其中小城市中的中高收入群体和年轻人，他们渴望与大中城市一样的生活水平和质量，在他们的消费支出中，原本消费在当地的部分会通过其他渠道成为大城市的一部分，乡村空心化现象愈发严峻。对于这些“外流”严重的城市除非有“新”消费力量（比如新的商贸设施、新的收入增加、新的业态创新、新的消费意愿）注入当地市场，否则现有设施的市场价值只会日渐

"萎缩"。

市场基础面分析就是指对城市市场承载力、消费容量、竞争水平、网点布局等方面进行系统研究，识别城市或区域内是否有必要新建（或更新）商贸设施，以及应该如何选址和布局，以及它未来的预计盈利情况如何。

一、城市基本面分析

城市基本面分析可以帮助我们快速对一个陌生城市建立多维立体形象，快速掌握城市商业的发展阶段和产业结构、市场特征等，如表4－1所示。

表4－1　城市基本面分析要素

城市基本面分析要素	
1. 区域商贸流通发展水平	
（1）GDP发展水平 （2）三次产业结构 （3）就业与收入结构 （4）城镇化水平 （5）交通旅游设施发展水平 （6）批零住餐运输等主要行业水平 （7）生活方式特征	投资机会 产业选择 人力资源水平 城市发展空间 设施水平及可行性 消费市场容量 市场特征和主题选择
2. 人口及收入消费水平	
（1）人口统计数据 （2）劳动及人口外流情况 （3）居民可支配收入 （4）社会消费品零售水平 （5）居民消费支出结构	消费市场容量和趋势 消费能力和趋势 消费水平 市场容量 市场结构特征
3. 城市建设情况	
（1）城市发展规划 （2）商贸发展规划 （3）建设用地规划 （4）商贸网点现状	城市发展的重点区域 商贸设施发展的重点领域 商贸用地的未来增长情况 商贸网点的现行状况

1. 人口统计数据

人口统计数据是由国家和地区的相关人口管理部门通过户口登记、人口普查等方式经过统计得出的相关数据的汇总，包括总人口数量、人口增长情况、性别构成、年龄构成、民族构成、受教育程度、城乡人口状况、人口流动等信息。地方人口特征对商贸设施会产生重要影响，尤其是其中的劳动力及就业情况、教育水平、可支配收入、社会消费品零售水平、居民消费支出结构等信息。

根据规划的设施类型，人口特征的关注重点各不相同。例如，要分析一个大型综合性超市的规划时，要重点关注周边家庭人口的分布，而如果是一个大型批发市场，周边居民人口分布就显得没那么重要。

2. GDP 发展水平

GDP（国内生产总值）是指一个国家（或地区）所有单位在一定时期内生产的全部最终产品和服务价值的总和，GDP 是国民经济核算的核心指标，常被认为是衡量国家（或地区）经济状况的指标，是衡量一个地区商贸设施市场定位，品牌级次，客群选择的重要依据。

3. 三次产业结构

三次产业结构是指农业、工业和服务业在经济结构中各自所占的比重。研究产业结构，主要是研究各产业之间的相互关系，揭示商业服务业与其他产业部门之间的发展阶段，以及各产业部门的内部关联性。通常在经济增长过程中，商贸服务业的比重会与日俱增，商贸设施的市场机会就会产生，第三产业增长速度较快往往说明区域发展越来越繁荣。

在商贸设施规划过程中，更多关注点放在对第三产业内部结构的研究上，主要包括两大部分：一是商贸产业结构，二是居民消费支出结构。商贸产业结构具体而言就是批发和零售业、住宿和餐饮业、交通运输、仓储及邮电通信业等第三产业内部的细分产业结构，这在一定程度上可以反映相关业态的发展水平。居民支出结构是居民日常消费中在具体商品类别，如衣、食、住、行、娱、育、游等方面的支出关系，可以在很大程度上决定项目目标市场的选择。

4. 就业与收入结构

就业是经济基础分析中非常重要的方面，工作为人们提供了获得住房和购买各种商品和服务的消费能力。除就业总量外，就业结构是指国民经济各部门所占用的劳动数量、比例及其相互关系，也是一个重要的结构性变量。按照不同的划分方法，就业结构可分为产业结构、职业结构、地区结构、知识结构等。因此，衡量一个区域消费潜力最好用工作数量和劳动薪酬的关系，就业结构也可以按照基础就业和非基础就业进行分析。基础就业包括生产商品和服务的所有就业活动。基础就业与一个区域的产业基础有着紧密关联，是地方经济的主要动力，是一个城市收入的来源，它所带来的财富流入及循环是本地区经济、就业和人口增长的核心驱动力。非基础就业是指为以内部消费为目的的生产提供的就业类型，也被称为服务就业，如零售业、银行业、公用服务行业。

就业数据经常通过以下两种方式进行描述。第一种是基于人口普查数据，它表示的是居住地点周边的就业。这些数据帮助确定居住在一个具体区域的人们的就业和非就业情况。例如，当地行政部门的统计数据表明 A 城居住地的就业人数为 4 万人。第二种是工作地的就业数据。此处以就业地为统计区域进行就业人数的统计。以上面的例子为例，A 城就业地的就业人数可能为 6 万人。这两种就业数据彼此并不矛盾。第一个数据表明，居住在城市中的人口有 4 万人就业；第二个数据意味着在 A 城的企业现有 6 万个就业岗位。如果所有居住在 A 城的 4 万人都在 A 城工作，那么 2 万人的差距表明这些人在 A 城工作，但居住在其他地方。现实中，就业吸引力会带来巨大的消费吸引力，就业人数多也意味着消费人数多，就业人数的快速增长往往意味着城市商业拥有巨大的消费潜力。

这些就业数据对于经济基础分析非常重要。居住地点的就业直接关系到人口，这是零售市场和商圈分析非常重要的影响因素，工作地的就业数据用来确定第二类潜在消费者，当写字楼和工业园等就业场所同时位于一个零售商圈时，他们共同为该区域的商业设施提供了潜在的消费者，有时也称这些在此工作而非居住的消费群体为“日间消费人口”。

居民人均可支配收入按照工资性收入、经营净收入、财产净收入、转移净收入分为四类。在不同地区、不同发展阶段人们的收入结构不尽相同。一般来说，在经营净收入、财产性收入占比相对较高的区域人们的消费意识和消费水平更高，更愿意将收入投入到较高生活品质的消费领域中去。随着社会的发展，城市人口的就业与收入一般都处于上升状态，商贸设施规划的前提依赖于一个城市或区域中货币或财富的注入，资本通过对各种商贸设施的投资或项目运营进入市场，随着进入市场货币数量的多少设施市场也会随着有价格或收益上的波动，并持续发展。

5. 城镇化水平

城镇化水平是指城市人口数量的增加和城市规模扩大之间的关系，反映了人口在一定时期内由乡村或低等级城市向城市或高能级城市聚集的状态。随着城镇化水平的提高，乡村人口逐渐降低，城镇人口比重上升，居民的生活方式逐渐从农业性质向城市转变，这一指标既可以反映一个地区或一个城市农村和城镇人口的比例关系，也可以间接反映区域经济发展水平。

6. 交通设施发展水平

一个区域的交通设施发展水平往往会直接影响到当地的商业发展，其中主要包括路网的占有率、里程数、路网密度、通行效率等指标。同时，每个城市的路网结构中主次干道的分布往往是最能影响城市商业发展的因素，在进行市场基本面分析时一定要对交通发展与主次干道分布进行详细研究。

7. 区域消费特征

区域消费特征指不同区域、民族、群体在一定社会条件和价值观念制约下所形成的独特消费习惯和消费结构，是影响区域商业发展的重要无形指标，如表4－2所示。虽然这些特征很难用可量化的数字加以衡量，但它们在更深层次上影响着区域商贸流通发展趋势。随着现代居民的生活方式越来越个性和细分，包括文化潮流和价值观、工作生活观念、对待知识与教育的态度、社交方式等方面，都会造成消费方式和消费行为细分，尤其是消费者的态度、兴趣、意见、心理和偏好越来越多元，这种影响也会影响设施的类型、布局、运营等各个层面。

表4－2　　城市基本面分析重点指标

一级指标	二级指标	三级指标
城市区位空间研究	城市情况基本面	地理位置
		人口规模
		生态资源
		人文资源

续表

一级指标	二级指标	三级指标
城市区位空间研究	城市区位条件	省内情况
		一小时生活圈情况
	城市空间历史演变	改革开放前情况
		1990～2000年情况
		2000～2010年情况
		2010年以后的情况
	城市人口发布情况	住宅分布情况（高、中、低）
		学校分布情况（幼、小、初、高）
		医院分布情况
		人口密度
	城市车辆及公共交通情况	车辆保有情况（公车、私车）
		主要出行方式
		活动半径
		公共交通图
		公共交通网点密度分布
	城市空间结构未来规划	城市整体规划
		各区块商贸发展规划
		重点方向及区域
		项目所在区块规划
	各城区之间的发展定位及关系	发展定位
		发展策略
城市经济社会情况框架	城市经济发展情况分析	近三年国内生产总值（GDP）
		近三年地区生产总值
		城镇化水平
		商业设施开发规模
		商业设施水平
		商业设施集聚度
	人均GDP与房地产发展及城市化水平的关系分析	人均GDP
		房地产发展阶段
		城镇化水平与人均GDP的关系

续表

一级指标	二级指标	三级指标
城市经济社会情况框架	城市常住人口、外来人口比例及就业情况分析	常住人口与外来人口比例
		就业情况
	城市家庭结构分析	家庭成员结构
		家庭成员年龄
	城镇居民、外来人口人均可支配收入支出	收入来源结构
		收入变化
		支出结构
	城市消费结构和消费水平	吃穿住行结构
		必需品奢侈品结构
		社会消费品零售总额对比分析
		居民消费价格指数
		恩格尔系数
		消费心理分析
	GDP、收入、社会消费品零售总额及分项情况的对比分析	特征分析
		发现的问题
		总结趋势
	城市房地产投资及开发面积分析	投资总额
		开发面积
		预计未来三年新开工面积
		商业地产占比情况
城市产业结构分析	城市产业发展概况	三大产业占比
		前一年四个季度产业发展情况
	城市产业发展阶段	按时间周期分析
	各城区产业发展定位与关系	各区块产业发展情况分析
	批发零售业、餐饮住宿、休闲娱乐业发展状况分析	产业发展情况
		龙头企业
		产业增加值
	批发零售业、餐饮住宿、休闲娱乐业发展阶段	按时间周期分析

续表

一级指标	二级指标	三级指标
城市未来发展战略	城市政策环境	新的商贸发展政策、营商环境
		政策对各区块的发展影响，发展方向及目标

二、城市空间分析

通过对一个城市10年前、5年前和今天的地图对比，很快就会发现在某一特定方向和沿着某些特定路径上，城市发生的巨大变化。整个城市的界限很可能扩张了，很多土地的用途也发生了很大的变化，比如部分农田变成了工业厂房，部分工厂消失变成了住宅或写字楼，或者是部分仓库和工厂变成了大型商场、酒店和娱乐设施，也有可能原本存在的专业市场、购物中心、超市等已经被新建住宅取代。这些现象背后的原因，比如政策原因、产业转移原因、人口流动原因等都值得重点关注，一般会做出这样的假设：这些原因在过去发挥的作用，会在未来同样也发挥出相应的作用。因此，为保证商贸设施的投资可以与未来城市发展的脉络相一致，市场基本面分析需要对城市空间变化进行深入研究。

空间模型是对某一个时段内，对城市空间特征的高度抽象与概括，通过对复杂现实城市空间特征的简化，可以更为清晰地解释城市空间的特征与发展趋势，是人们了解与研究过去某一个时段内城市空间发展特征的最佳方法。纵观空间模型的发展历程，20世纪30年代是空间模型的黄金发展期，从20世纪60年代开始，受计量科学及系统科学的影响，进入以数学模型为基础的空间模型创新阶段，如重力模型（gravity-based models）、经济模型（econometric models）和微观模拟模型（micro simulation models）。国内对空间模型的研究，基本与三大经典模型保持了一致。进入20世纪80年代，城市空间模型研究百花齐放，不同地区、地域的城市空间模型，呈现出越来越大的差异。

20世纪20年代后的空间模型中，芝加哥学派的三大模型可以说是影响范围最大、影响时期最长的经典空间模型。一是伯吉斯提出“同心圆模型”，他根据不同职业人口的居住区位及其空间分布将城市分为五个圈层。

二是霍伊特提出的“扇形模型”，解释了在交通可达性差异下的城市空间发展结构与布局，即城市的住宅呈现出沿交通干道向外辐射发展的空间布局特征。三是哈里斯和乌尔曼提出“多核心城市模型”，揭示了城市地域分化的复杂性和影响因素的多样性，即：随着城市规模的不断扩大，城市外围地区出现不连续的居住、工业和商业片区，成为城市发展的新核心。按照经典空间模型理论，大多数城市最初都是沿交通干线方向发展，即使在数字经济发达的今天，交通网络仍然在城市空间的发展方面扮演着举足轻重的角色。当城市间的交通主要是铁路时，大多数商业活动主要位于市区铁路设施的附近，其他的商业设施也基本是围绕着铁路周边的商业需求展开（圆心理论），如原来国内各城市的火车站附近，往往都是商贸设施高度集中和发达的区域。随着城市内部交通网络化程度越来越高，各城区间的商品配送更加便捷，城市中分解出很多相对独立的功能区域，有些以工业为主，有些以商务为主，有些以住宅为主，有些地区则集中体现在商业设施的集聚上，整个城市的发展呈现出分区域增长的态势（扇形理论），还有一部分城市在某一主要方向向外发展，形成一种卫星城的形式（多核心理论），呈现出某种多核心增长态势。

（一）同心圆理论

同心圆理论是将城市土地利用的功能分区按同心圆形状向外不断扩展的空间发展模式。同心圆理论是 19 世纪早期，由芝加哥大学城市地理学院的地理学家欧内斯特·伯吉斯提出。他认为城市中心是商业会聚之地，居民进城的首要目的是找工作，居住在中心商业区更容易找到工作，后来就产生了以零售和服务为主的商业中心区不断向外膨胀的局面，市民也不断向外迁移。按照同心圆理论，环绕商业中心的是早期建造的旧房子，其中一部分是零售商业设施，一部分为住宅、小型工厂、批发商业及一些过渡地带；再外围是工人住宅区，更外围是较富有的中产阶级住宅区，最外围是驾车入市工作的富人居住区，散布着高级住宅，密度低，房舍宽敞。这一理论特别关键的一点是，这种圆环并不是固定和静止的，在正常的城市增长条件下，每一个圆环都会通过向外一层圆环的不断侵入而扩展自己的范围，从而形成城市扩张的内在机制和过程。

同心圆理论的理论根基是城市土地经济领域的竞租理论。竞租理论是 1964 年 W. 阿朗索提出，他认为各种活动在使用土地资源方面是彼此竞争的，决定各种经济活动空间区位的主要因素是其所能支付的地租，通过土地供给中的竞价决定各自的最适区位。在城市中，高档零售类商业往往具有最高的竞争能力，因此可以支付最高的地租，所以越是高级的商贸设施一般越靠近市中心，其次是工业，然后是住宅区，最后是竞争力较低的农业区。基于这个理论，可以得到图 4－1 所示的地租递减曲线。

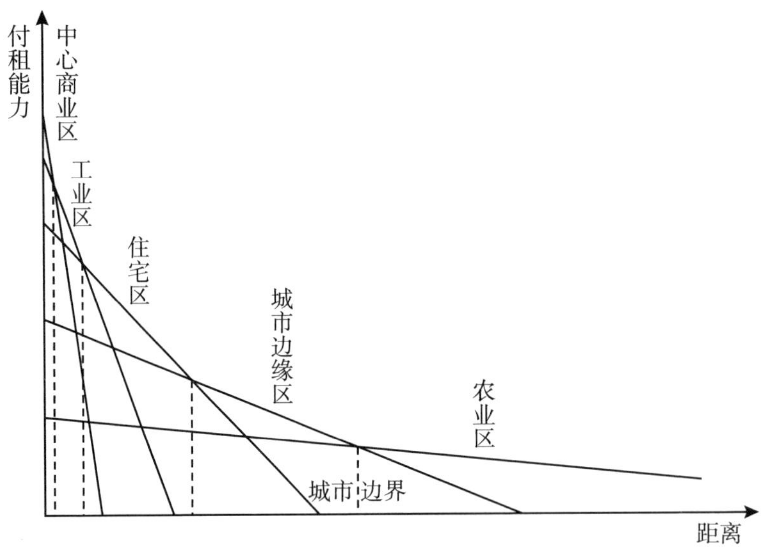

图 4－1　地租曲线

通过竞价地租机制，地价由市中心向外下降，由于市中心的可达度高，能产生最高的回报，因此土地的竞争最剧烈，是最高地价所在。由于越远离市中心各项成本越低，地租也越便宜。地租曲线描述了两者之间的变化，从市中心商业区开始，地价会呈现出随距离递减的现象。这是经济地理学中一个经典的理论，虽然只考虑了距离这一影响因子，但是这是一个非常具有普遍性的规律。在我国城市商贸设施的分布中也同样具有这样的地价曲线，如具有较高地租支付能力的百货中心往往居于城市核心区，而一些批发类专业市场则往往分布在城市郊区。

根据这一理论，可以得出：第一个区域是大多数城市都会有一个清晰可见的核心作为中央商务区（CBD），在这里会拥有主要的高档写字楼、百货大楼以及其他高端商贸设施。第二个区域代表过渡地带，在过渡地带中会有一些厂房和低收入住宅。第三个区域是住宅区，在 CBD 和过渡地带工作的工人居住在这里。第四个，也是最外侧的区域是中高收入家庭的住宅区。

伯吉斯的同心圆理论从社会学的角度揭示了不同人群根据收入差异及职业身份、社会地位的不同自动或被动的选择不同的居住区域。但在我国实际城市中，居住空间、商贸空间、工业空间的隔离并不像伯吉斯那样描述的呈明显分界的空间圈层式递进关系，每一个圈层往往混杂城中村住宅、单位宿舍、新建居住小区等多种居住空间，如图 4－2 所示。按照这一理论较好的居住地带是在第四圈层，社会上层阶级住在城市郊区地带，而在中国大部分地区，收入较高的群体仍然是住在城市内圈层的高档居住区，而不是逃离中心区向郊区地带迁移；相反低收入群体大多采用租房的形式聚居在中心区的“城中村”或年代久远、租金相对较低的旧城居民楼，由于中心地带的房价不断走高，这就逼迫新进的城市中等收入群体选择到城市郊区地带置业。在商贸设施分析和规划过程中，该理论同样具有一定的适用性，比如按照不同圆环区域设定相适应的商贸设施、服务功能、效益要求等，让商贸设施实现最大化利用，避免造成商贸设施的资源浪费和价值低估。

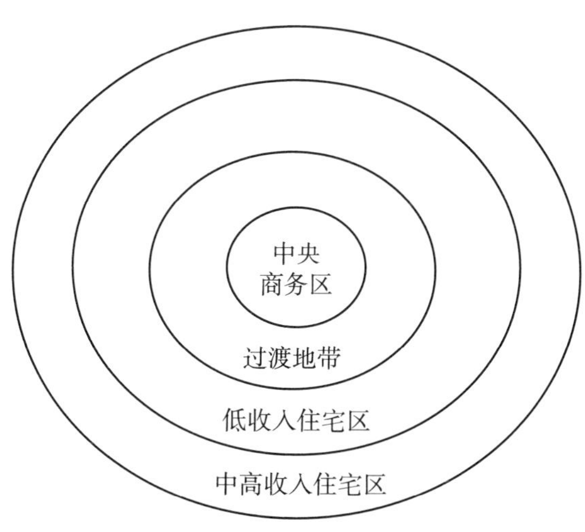

图 4－2　同心圆理论

（二）扇形增长理论

芝加哥的地理学家霍伊特提出扇形增长理论，其中心论点是城市住宅区由市中心沿交通线向外作扇形辐射。霍伊特（H. Hoyt）自 1934 年起收集了美国 64 个中心城市房租资料，后又补充了纽约、芝加哥、底特律、华盛顿、费城等大城市资料，画出了平均租金图，发现：住宅区和高级住宅区沿交通线延伸；高房租住宅在高地、湖岸、海岸、河岸分布较广；高房租住宅地有不断向城市外侧扩展的倾向；高级住宅地多集聚在社会领袖和名流住宅地周围；事务所、银行、商店的移动对高级住宅有吸引作用；高房租住宅随在高级宅地后面延伸；高房租公寓多件建在市中心附近；不动产业者与住宅地的发展关系密切。根据上述因素分析，他正式提出扇形模型学说，如图 4－3 所示，实际上，扇形模型可以看作是一个修正后的同心圆理论，城市中的不同功能和设施基于区域文化、经济因素等变量向周围扩张，也就是各功能和设施可以分区增长，这一模型较同心圆模型更为切合城市区域变化的实际。

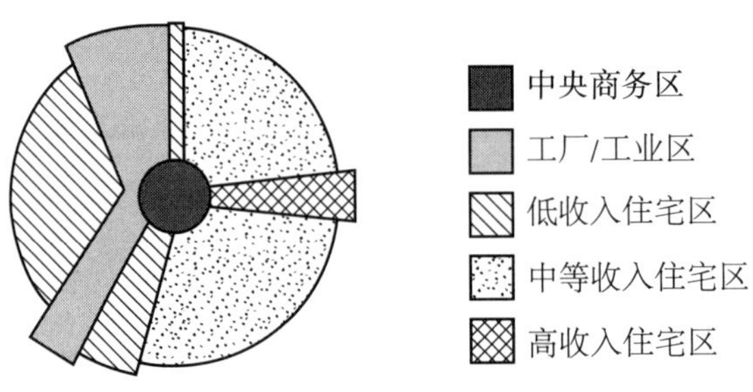

图 4－3　扇形理论

（三）多核心理论

多核心理论最先由麦肯齐 1933 年提出，后来哈里斯（C. D. Harris）和乌尔曼（E. L. Ullman）于 1945 年加以发展。该理论强调，城市中土地的利用过程，并非只形成一个商业中心区，而是会出现多个商业中心，但会有一个主要商业区为城市的主要核心，其余为次核心。多核心理论与扇形模型相似，都认为城市将会围绕几个核心形成中心商业区、批发商业和轻工业区、重工业区、住宅区和近郊区，以及相对独立的卫星城镇等各种功能中心，并由它们共同组成城市地域，不同的是多核心理论更重视以下节点的影响，如图4－4所示：交通路线或在主要路线的交叉点；在主要公路的出口处；位于围绕商业活动中心不断膨胀的圆周内；在与就业中心合理的距离内的聚集区；资金汇集处；在交通方便的未开发的土地上；如果是河流一般会在河流的上游或两岸区域。

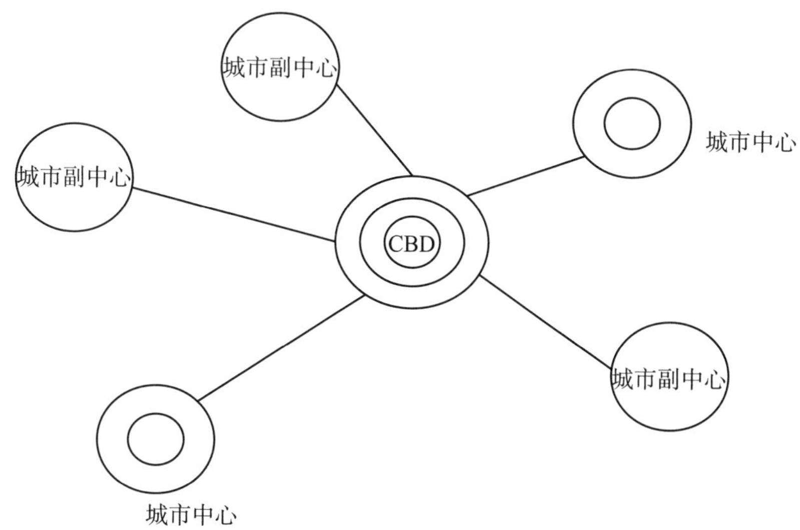

图4－4　多核心理论

20世纪80年代中期，加拿大学者麦吉（TG. Mcgee）在对亚洲发展中国家城市形态研究中，首次提出“马赛克”理论。根据麦吉的解释，马赛克理论是指在人口密集的发展中国家，城市功能区之间并不能被严格划分，无论是城市中心还是城市边缘都会出现规模庞大的功能交接区域。在我国，该地带通常被称为“城乡接合部”，所谓“城乡接合部”实际上是一种“未充分城市化”地带。在快速发展的城市化进程中，城市空间向农村地区的推进会首先考虑“低开发成本、高投资回报”的区位选择，加上城市中的存量已建空间改造成本较大，便出现了“插花式填充”的空间开发景象，即所谓“亦城亦乡”的地理图景。改革开放后，在工业经济高速发展的刺激下，珠三角地区大部分城市在土地利用上呈现出城乡混杂的“马赛克”图景，“插花式城市化”导致“城中有村，村中有城”的地理空间景象，许多已被纳入城市规划区范围的农村地区，其经济生产方式已被城市化，但建设情况仍属农村“未充分城市化”的地区，被学者称为“非农化地区”。这些地区不仅处于麦吉所说的城乡交接地带，即使是在城市中心区，同样存在“亦城亦乡”的空间景象，在我国县级城市中，这种现象尤其突出。

可以说，以上三个模型奠定了商贸设施空间规划的理论基础，在分析城市分区、商业特征，以及土地利用与业态功能的关系方面，至今仍然有很强的指导意义。回顾空间模型理论的发展历程，可以发现城市空间模型关注的问题与研究方法在不断变化，哈维在《社会公平与城市》中指出："空间表现了城市的社会结构。”列斐伏尔更为深入地描述了空间与社会关系的本质：“空间的发展不仅被社会关系支持，也影响着社会关系；而社会关系同时对空间结构形成反作用力。”从商贸设施的角度来看，未来城市商贸空间将表现出以下几种特征：

（1）商贸空间更加独立与多元。当前，数字化技术对产业分工产生深刻影响，交易方式随之发生巨大变革，商贸空间的需求明显降低，通过实体空间实现联动的社会价值和经济价值迅速降低，这就使商贸空间比过去更为独立，也更加多元。传统城市商贸空间往往依托港口、河运、航运等带来的区位和物流优势，开始在各自优势领域里形成了如“同心圆模型”和“扇形模型”中的大规模集聚。而在早期交通条件的限制下，工业区与大型商贸设施往往比邻，这有利于产贸一体化的发展方式，便于生产企业以更低的生产和物流成本，更快的交易流转速度实现最为经济与高效发展的目标。随着后工业革命、网络科技等因素对商贸流通模式的巨大影响，产业在发展中不求“全”而求“专”，厂家开始采取弹性化、灵活化的生产方式，以更快速地适应个性化的产品需求，经销商也更强调专业性和个性化、主题化。此外，网络的发展与信息时代的到来进一步改变着商贸设施体系，城市内不同商贸设施间的协同关系被重塑，过去商贸设施与产业发展必须相比邻的空间关系被彻底打破，外围地区必须依托中心城辐射的“中心—边缘”格局被颠覆。可以说，在新的商贸流通环境下，商贸流通模式与数字技术的转变催生了商贸设施的新型空间格局，城市空间相比过去任何一个阶段都更加的复杂、多元，这对传统商贸设施的创新提出巨大挑战。

（2）商贸设施之间的互动关系更为复杂。随着城市商业多元化、空间破碎化、交易网络化，传统设施之间的互动关系受到一定的冲击与影响；

同时，消费新生代的消费理念和消费方式更强调多元化、个性化，对每个商贸设施的主题性要求提高，设施相互之间的互动关系更为复杂。当前，我国大部分地区还处在城镇化和消费升级的快速发展阶段，如何更加科学合理地规划商贸设施的空间布局，避免因城市规模盲目扩大而带来的“商贸设施空置和资源浪费现象”，如何更好地发挥市场的调节作用，平衡城市商业功能疏解和城乡一体化建设，是当前我国商贸设施发展中需要着重考虑的问题。

三、市场容量分析

要对城市的商业增长模式和发展方向形成科学判断，还要借助于商业基本面分析，科学判断一个城市的消费渠道向哪里转移，人口向哪里转移，土地价格如何变化，空置设施的类型及业态分布情况如何。一般可以将市场容量分析分为三个步骤：一是对当前商业体量的分析；二是对未来增长趋势的判断；三是综合比较步骤一和步骤二的关系，得出城市商业是否饱和或不足的结论。

第一步：当前商业体量分析。

（1）识别特定商贸设施类别；

（2）判断设施规模总量及消费规模；

（3）确定业态规模占比；

（4）确定业态消费占比。

第二步：未来商业规模分析。

（1）估计未来的商业基础坪效（或全国平均坪效）；

（2）未来总人口与经济基础乘数和人口就业比预测未来总就业人数；

（3）未来总就业人数乘以预期收入或支出预测社会总收入或总支出；

（4）总收入（支出）规模与设施类别及业态占比得出未来消费总量；

（5）消费总量除以未来基础坪效得出未来商业规模。

第三步：判断商业容量饱和或不足。

（1）比较第一步与第二步之间的设施及消费规模；

（2）得到是否容量和消费饱和或不足的结论。

这些估算和预测在地区经济的基础特征方面为商贸设施投资提供了宝贵信息，它也揭示了未来商贸设施发展的总趋势，了解这些信息对评估商贸设施的需求变化非常重要。

同时，在对市场容量是否饱和或过剩的分析过程中，也需要充分考虑城市当前经济基础和产业未来发展趋势的变化情况。其中，最重要的是考查当地生产部门的生产水平和销售能力，还要识别区域就业情况，找出哪些行业就业最为集中，在就业中占的份额最大以及发展趋势情况。经济基础分析所用的就业数据应该是权威数据，以降低误差、增加精确度，一般可以更多参考政府工作报告中关于第一、第二、第三产业的相关统计报告，快速建立对地方经济基础功能的认识和判断，而特定商贸设施的经济基础分析需要根据项目类型选取相关权威数据源，比如专业市场、城市综合体或大型旅游设施等进行针对性调研。

识别一个地区的经济基础类别的方法一般可以采用直接询问法和区位商法。直接询问法就是对一个地区主管部门或主要企业的关键人员进行访谈，尤其是具备当地生活工作经验的行业专家进行访谈，推算出区域的基础部门中的就业情况。假设某个地区在给定年度的地区总产值中有50%用于外销，我们就可以认为其就业的50%属于基础性就业，另外50%是只为本地区提供服务的非基础性就业。区位商（*LQ*）是评价区域优势产业的一种基本分析方法。区位商又称专门化率，它由哈盖特（P. Haggett）首先提出并运用于区位分析中，用于衡量某一区域商业要素的空间分布情况，反映某一产业部门的优劣势，以及某一区域的地位、作用、竞争力等方面，通过计算某一区域的要素区位商，可以找出该区域在全国相关产业中的地位关系，并根据 *LQ* 值的大小来衡量其专门化率。

$$LQ_{ij} = \frac{x_{ij} / \sum_{i} x_{ij}}{\sum_{i} x_{ij} / \sum_{i} \sum_{i} x_{ij}}$$

上式中，i 表示第 i 个产业；j 表示第 j 个地区；x_j 表示第 j 个地区的第 i 产业的产值指标。*LQ* 的值越大，则专门化率也越大。

在实际应用中，受产业数据获取的限制，我们往往会用就业人数、销售价格、税收金额等更容易获取的数据加以衡量，这就进一步演化成一种更简洁实用的区位商数计算方法，即直接采用一个行业在当地的总占有率除以同行业全国平均水平。例如：A 城市，旅游接待人次：904 万人；城市总人口：1 007 万人；全国旅游出行人次为：6.49 亿人；全国人口：13.6 亿人。则区位熵≈1.875 >1，即表明 A 城市的旅游服务水平较高，行业发展领先于全国。区位商法是明确各部门或产业活动在区域经济发展中的功能差异、重点和薄弱环节所在及在评价和判断区域优势产业中行之有效的方法。

一般情况下，对区位商数的解读如下：

$LQ<1$，表明本地行业 x 的发展水平小于全国平均水平。因此，该地区不足以生产满足当地需要，需要从其他地区购买以满足内部需求，在这种情况下，行业不属于该地区基础产业。

$LQ=1$，表明本地区行业 x 的发展水平与全国平均水平相同。因此，该地区行业 x 以满足当地需求为主，行业属于一般基础性产业，不属带动性产业设施。

$LQ>1$，表明本地区行业 x 的发展水平高于全国平均水平，行业生产了超额产品辐射其他区域。因此，认为这些超额产品被销售到其他地区满足外部需求，行业 X 属于该地区的带动性产业设施。

市场容量饱和与否往往受到诸多外部因素的影响，在进行分析时，应着重注意下列因素：

（1）城市能级。许多大城市会体现更好的外部性，其对外的辐射能力更强，消费集聚能力强，其商贸设施的需求并不只满足城市本身，而是满足更多外部流入的消费人群，且往往城市规模越大，商贸设施的发展规模和发展水平就越高，因此，大城市经济基础的结果通常会比较大，这与主观印象相一致。一方面，城市大规模的商贸设施集聚带来更高效率、更大竞争力和市场吸引力；另一方面，资本推动城市更加快速的发展，更容易促进商业市场的创新和内部升级。

（2）商业周期。市场容量饱和与否的判断是基于商业周期的某一时刻的产物。如果宏观经济周期处于上升时期，预测会偏饱和，因为商贸流通业的就业属于比较典型的非基础部门就业，这时的商贸设施发展往往会滞后于基础部门。反之，在经济周期下滑时，预测反而会偏不饱和，因为基础部门陷入萎缩，随着基础部门的萎缩会直接导致更多非基础部门的收缩，紧接着才会在经济中产生反馈效应，这时的商贸设施的收缩才会受到更加直接和更大的冲击和影响。这也是为何我国近年来流通领域中的专业市场、综合体、商业街等市场集中性陷入困境的根本原因，一方面是产业结构的优化调整带来的反馈，另一方面是技术革命带来的渠道变革，两者叠加后形成的压力在短时间内集中释放。但从中长期来看，经过一定时间经济周期的自我修复，当经济周期开始回暖时，基础部门的就业水平会恢复正常，商业消费会调整到正常水平，这时商业部门的经济乘数又会趋于稳定和合理。

由于在基础部门与非基础部门之间的获利或损失具有很强的时滞性，两者之间呈现出“涟漪效应”的形式，进而深刻地影响商贸设施的投资与发展。例如：若基础部门的盈利能力低于正常水平，投资者就会削减基础部门的生产和投资，而以商贸服务为代表的非基础部门要经过一段时间的滞后才会感受到来自基础部门削减投资的影响，一旦感受到这种影响也会跟进削减，由于基础部门和非基础部门的削减一方面都会带来就业人数的减少，另一方面带来平均收入的下降，这就直接影响了对商贸设施的消费需求，因而如果在此期间投产的商贸设施获利将大大降低。但遗憾的是，商贸设施的投资往往需要较长的建设周期，如果处于较长的增长周期中，设施获利的窗口较大，如果处于较短的周期中，设施建设完成可能增长周期却结束了。因此，对商贸设施的规划布局一是要尽量选择在长周期产业的起点，要么选择在短周期产业的终点。

（3）地区开放度。地区经济与附近其他地区经济的相互关联程度对市场容量的判断也有很大影响。受交通、物流、消费习惯等的影响，越是地区开放度高的城市，市场的对外辐射能力越强，其市场外向化程度的增加产生了更多的外部消费需求，因而市场容量更不易饱和；而一些地区开放度不高的城市，市场仅以服务本地市场为主，市场的新增潜在消费不足，难以承载不断新增的设施规模，市场更容易出现过度竞争进而出现饱和现象。一些大城市的郊区县或卫星城，具备便捷、高效、低成本物流条件，可以从中心城市引进属于非基础部门的产品、服务和就业，虽然本地产业水平不高，但本地的就业水平和收入水平较高，本地消费的意愿和能力都较强，市场容量就很容易被不断放大，而不易出现饱和现象。

因此，在分析市场容量是否处于饱和状态时，要着重注意综合上述外部因素的影响，综合考量，避免高估或低估现象的发生。

第二节　商圈基本面分析

商贸设施聚集，或者说群集，是指在相对靠近的区域内一定数量用途相似的商贸设施聚合在一起的行为，这种聚焦的结果就产生了商圈，因此，商圈的起因与服务的效率、交通能力的吸引力以及顾客的相互吸引紧密相关。一个例子就是快餐店和其他连锁性质的餐馆往往选择扎堆，这是因为他们都寻求相同的客户群体，结果就形成了以餐饮业态为主的商圈。商圈的概念并没有十分严格的定义，有时指城市中的多个商业区域，有时特指某个设施的周边范围，但从内涵而言，商业就是指因某一区域范围内各种消费设施聚焦其中，产生商业吸引力、协同性、互补性的特定地理范围。总之，可以认为，商圈是指某类商贸设施所能辐射的地域范围。例如，对城市商圈的分析一般按等级对商圈进行分析，这源于阿波巴姆的零售吸引力模型，如采用居民户均商业占有率将商圈分为 1 级商圈和 2 级商圈；对具体设施商圈的分析一般按竞争力辐射进行分析，这源于匡威分歧点模型，即以某设施具有竞争优势的消费者居住区域的集合为该设施的商圈，这种商圈叫作“优势商圈”。

对具体设施商圈的分析中，销售额占比也是经常使用的方法。如果占某设施销售额的 60% ~70%，且自家店占有率比竞争店大的地域就可以定义为设施的 1 级商圈，占销售额 30% ~40% 的地域为 2 级商圈，其余的是边缘商圈。这种设定方法中，除自家店占有率之外，消费群体的人口分布也非常重要。进入数字经济时代，商圈的概念有了彻底变革，电子商务和快速物流体系的普及使交易不再受空间和时间的限制，商圈的竞争范围增大。随着线下线上融合不断加快，线上交易占比快速提高，某些线下商贸设施已经成为商品展示窗口、分销物流平台、客户体验中心，商圈的交易功能正在弱化，这时的商圈就不能再沿用传统的概念加以分析。

一、确定商圈规模

商圈规模是指消费者稳定且持续光顾商贸设施的地理区域的大小，它的范围由许多因素决定，如设施的建筑形态、规模、交通可及性、自然条件、竞争对手、驾驶时间和距离限制等，商圈的界定是利用专业知识判定标的设施辐射能力和界限的过程。商圈的边界通常在标的物业和其竞争者之间，在这个距离内，新的地理位置将影响下一个最近的设施布局。这源于莱利对零售设施的重力分析法：顾客会经常光顾最近的商店（往往也是最方便的商店），莱利法也考虑了商店规模的影响，以及比较了大商店和小商店的吸引力。根据这一模型，确定商圈首先要绘制出设施的竞争者，如类似且最近的商贸设施，在每个方向到达竞争者的一半或全部距离，这样就可以绘制出主要的商圈边界。然后，通过调整道路体系和自然障碍，来确定此时的商圈边界。这种确定商圈的方法主要适用于零售商圈，有时会简化为半径法或直径法，如最近的直接竞争对手距离4公里，那么用半径法商圈界限就是距离标的4公里的地方；如果用直径法，商圈界限就是2公里。

另一个确定商圈的方法是用到达目标设施所使用的到达时间。这是因为顾客的消费行为会受到通行时间的巨大影响，通常消费者希望在路上花费更短的时间来完成购买一些商品和服务。对于大部分日用消耗品，通常会考虑驾驶时间为3分钟、5分钟、10分钟；非易腐物品，如服装、家装、家用电器、体育用品等，驾驶时间为20～30分钟；而像其他更高价值的耐用消费品、奢侈品、折扣用品的最多驾驶时间往往更长。除到达时间外，在实际运用中，商圈往往会受到自然界限（障碍）的影响而需要进一步调整其界限，如城市快速路、河道、湖泊、山川等，这时就需要先根据前面的方法，画出商圈界限的多边形，然后再通过调整自然界限来加以更加准确的说明。

除商圈规模外，在商圈研究过程中如图4－5所示，有时还需要在多

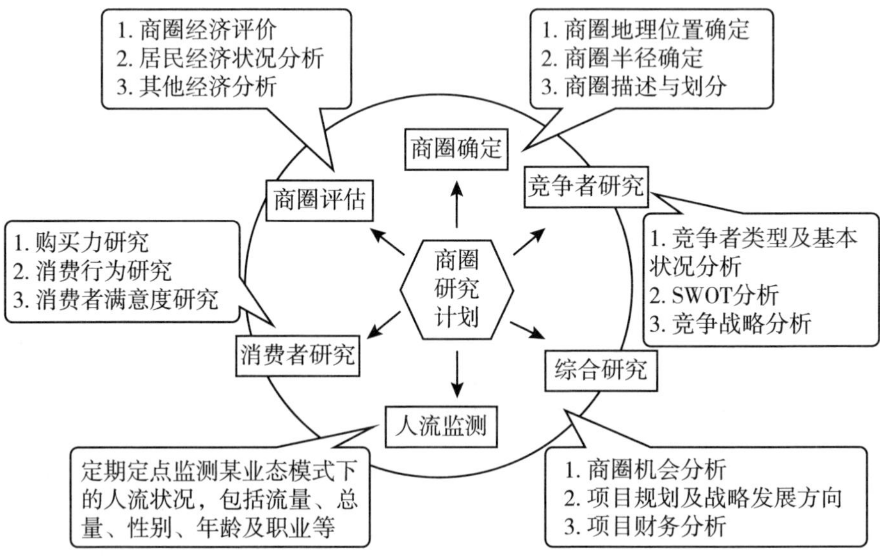

图4－5　商圈研究计划框架

个不同商圈之间按等级进行划分，一般主商圈是指设施周围能够覆盖60% ~80%的周边顾客和消费份额的区域；次级商圈指能够覆盖周围20% ~40%的周边顾客和消费份额的区域；三级商圈是指能够覆盖较低周边顾客和消费份额的区域。

中心地段理论（CPT）是指商贸设施选址哪里可以最大限度辐射潜在市场。中心地段理论主要通过考察现有商圈区域内各种物业租金和价格的差异，也就是说，商品和服务的提供者将会选址于他们认为能够实现获利最大化的地方。中心地段理论认为确定的、共识的城市地带比其他位置更具商业吸引力，这主要是因为在此区域内已经存在其他具有吸引力的设施类型。这也意味着在一个城市中，在这里选址的设施更易成功，商业价值也更高。这一关系在某些商贸设施内部的不同楼层、区块之间也同样成立。

同时，由于在任一地点设施的供给都是排他性的，承租人之间相互竞价以争取获得租用权利，因此，商贸设施将普遍的处于需求决定租金的阶段，尤其是在商业大量聚集而出现饱和或过剩的情况下。因此，地段的价值往往用设施物业可能收到的租金额度来衡量。

中心地段理论的一个基本假设是商贸设施在空间上是相互依赖的，这也暗示了空间的增长是有序的、理性的。为进一步解释这一原理，中心地段理论以下面三个概念为基础：临界人口、高端和低端商品与服务、商品或服务的商圈或范围。

（1）临界人口。临界人口是指一商户实现盈亏平衡需要目标客户群的人口或家庭数量，设施选址时对租金的要求应该限定于盈亏平衡点的范围内。临界人口实际上并不影响租金标准，它只是一个用于解释不同地点价值潜在差异的概念。如果人口密度已知，就可以用商圈或区块范围来表述。例如，假设一个社区超市每年需要有 18 万的收入才能保持健康运营，平均每人每年在这个超市中支出 250 元人民币，则该社区超市的盈亏平衡点为 720 人（180 000 ÷250）。因此，一座有 36 万人口的城市，从理论上讲，最多可以容纳 500 家社区超市（假设所有社区超市都在假想的盈亏平衡点上运作）。在实际应用中，许多行业公司都知道自身的临界人口是多少，例如：大型超市的临界家庭数为 2 500 户（约为 6 000 人），平均每户家庭开支为 3 400 元，这样我们就能推断超市要再开一家新店时预期要有 5 850 万元（2 500 × 3 400）的收入才行，根据人口、家庭、客户类型（根据年龄、收入、职业等）方面的最低标准进行选址是较为普遍的分析方法。

如果一种商品或某类设施不要求大量的消费者来支撑的话，它的临界点就很低，并且要求的商圈很小；但如果一件商品或某类设施需要大量的消费者来支撑，那么它的临界点就很高，要求的商圈也会较大。

（2）高端与低端商品及服务差异。临界点较高的商品和服务称为低端商品和服务，而临界点较低的商品和服务称为高端商品和服务。一般而言，一座城市可以容纳较多的低端商品和服务提供者（如社区店、美容院和餐饮店）和较少的高端商品和提供者（如精品专卖店、购物中心、综合体等）。但必须注意，高端商品和服务不一定必须要支付较高的租金，这主要取决于商户的议价能力和设施要求，如在购物中心中奢侈品主力店属于临界点较低的商户，但作为主力店它却经常不需要支付较高的租金，这是因为他们作为主力店的议价能力较强，而其他商家却需要为进驻该设施支付较高租金。

中心地段理论的核心是高端商品和服务与低端商品和服务的位置关系。以美容院为例，特定规模的城市可以容纳一定数量的美容院，但考虑到潜在消费者的分布情况，这些美容院在某种程度上应平均分布于这个城市。但显然，事实上美容院的位置会受倾向于选择集聚在一起，以吸引更多的消费者，如在高端商品和服务提供区，可以看到几个美容院聚集在一起。

（3）商品或服务的范围。大部分商品和服务的需求随着与商家距离的增加而减少（这一点将在“零售重力模型”中进行更为明确的讨论），因此，需求会受到一个界限或“范围”限制（如距离或驾驶时间），超过这一界限，消费者就不会到这个特定的设施去消费，通常这样的设施就被认定为是没有竞争力的。

如何识别一个特定区域的市场空白，如何确定即将建设的商业项目的规模，以及如何确定与竞争者之间形成差异化的市场定位，这些都是在进行商圈研究中要重点关注的方面。竞争者的存在使得这一界限更加明确，并且更准确地确定出商品或服务的实际市场区域。中心地段理论进行商圈分析最简单、最直接的方式，就是找到一个可以与预期项目进行类比的相似项目进行比较研究，为了找到市场空白，对相似规模的城市可以根据特定的商业设施特征进行比较，如旅店房间、人口或就业人数。表4－3为不同城市人口对酒店房间的影响。

表 4-3　人口比较分析

城市	总就业（万人）	一级酒店的房间数	每 1 000 名员工的酒店房间数
A	40	2 000	5.00
B	55	2 500	4.54
C	35	1 370	3.91

与城市 A 和 B 相比，城市 C 的可用房间比率比较低。这个比率可能会表明在酒店房间方面，城市 C 存在一定缺口，因为其他相似的城市能够提供更高的酒店房间比率。如果 C 想赶上 A 和 B 的平均水平（或每 1 000 人 4.77 间），就需要使酒店房间总数增加到 1 670 间。换句话说，假定 A 和 B 没有出现较低空置率，在城市 C 就具备投资新增额外 300 间房间的市场空间。这种对比的方法可以用来简洁、直观的揭示任何数量的特定用途，商贸设施的市场缺口，如物流仓库、娱乐中心、酒店宴会厅、大型超市、购物中心或城市综合体。

与城市等级相对应的还有商圈的消费等级，消费等级是以消费者购物目的商品等级或其他主观心理划分形成的商业等级。高等级商圈趋向城市商业中心，低等级商圈集中于社区商业中心。随着综合性与专业性商贸设施的兴起，电器、家具、汽车、装饰等特殊商品已经逐渐脱离市级商业圈，落入低等级商业圈层；而“一站购齐式”现代购物习惯则使得生鲜、食品、日用品购物扩展到社区级商业圈以外，日用品消费商圈空间有扩大趋势。在商业体系发达的城市，如上海，多核心商业空间结构缩短了居民消费活动的出行距离，不同等级商圈间消费体验的差异较小，使得整个消费空间呈扁平化和同质化特征；而有些中小城市的商业设施发展不平衡，生鲜、食品、日常用品等低等级商品与高档服装、家用电器等高等级商圈分化明显，消费行为比较容易被界定。当前，我国大城市的商圈呈现复合化、统一化、同质化发展趋势，消费空间的层次划分越来越模糊，传统意义上的圈层结构已经不再适应；一些中小城市的商圈仍表现为单一、核心、分级的特征，圈层结构依然明显。一般而言，对于日用消费品商圈超过 1.5 公里范围，居民多倾向于选择距离较近或交通便利的大型商业设施，这类商业设施又以大型综合购物中心或大规模的农贸市场为主，它们在城市空间扩展的过程中逐渐成为新兴主流，另一类是更高级的综合商贸设施形成的核心商圈，一般承载较高等级的购物活动或多目的的消费行为。

此外，根据消费者的收入层级对消费空间进行划分也是主要方式。由于城市郊区化过程中率先迁出的主要是中低收入居民，高收入居民大多仍居住在市中心，所以高收入消费空间压缩而低收入消费空间拉伸，表现出类似于戴维斯次级商业中心演进模型的特征：低收入地区居民高等级商品购物依附于高收入地区附近的市级商业中心，低收入地区购物出行空间等级体系向高收入地区倾斜。

不同等级商圈会直接影响到商贸设施的经营模式、业态类型、品牌选择。一般而言，低等级商圈的设施倾向小型化、便利化、低成本，高等级商贸设施则趋于综合化、专业化、高档化，前者以小型超市、便利店为代表，后者以大型超市、百货店、购物中心为代表，设施之间的差别主要通过各自的特色定位加以体现。

二、商圈的生命周期

任何一个地区、任何一个设施都会经历自己的发展周期，作为消费载体的各类商贸设施的周期性会更加明显。不同经济阶段所产生的商圈会体现出不同的生命周期，正确认识商圈生命周期有助于从更加宏观和长远的视角对商贸设施的投资进行科学分析。与住宅设施和公共服务设施不同，商贸设施是一个较长的投资运营过程，一般而言，商贸设施生命周期可分为两个独立的周期类型：自然周期和财务周期。

自然周期是用户（空间经营需求）和开发商/业主（空间供给者）同处一个独立市场上的市场合作行为。财务周期是商贸设施运营的价值周期，往往由资本市场（商业运营双方的互动）决定。一般认为商贸设施的自然周期（商业地产的租金或售价变化）是国家经济周期和城市生命周期的延时反映，随着人口增长，收入增加、生产技术提升、交易成本降低，人们的购物、饮食、娱乐和休闲消费就必然需要更多的商业设施来满足需求，土地、劳动力、资本和原材料等作为生产要素，是反映设施需求必须且非常重要的指标，因此，在进行商贸设施投资分析时，重点关注设施的自然周期。

从现实来看，商贸设施的供给与经济周期之间往往很难实现平衡。一方面，当市场的需求进入快速增长期时，受制于商业空间建设的周期，短期内只有少量的新兴商贸设施可用；另一方面，等到供给方发现市场需求缺口，开始大规模新开发商贸设施时，又可能产生太多集中式的设施供给，往往会造成某些设施严重过剩，而某些设施却依然短缺。同时，由于商贸设施从本质上非常同质化，市场对商贸设施的需求是本地市场对商业消费的空间累积，如写字楼和工业空间需求由就业驱动，公寓住宅由城市人口驱动，宾馆需求主要是商务旅行者和游客驱动，显然区域内商贸设施由消费市场驱动，而这一消费市场又受到农业、工业、金融业等其他基础性产业驱动，存在较长的驱动链条。

同时，商贸设施的总量由现有设施、在建设施和规划的新设施共同决定，租金由可用设施（空置水平）和未来预期可用设施共同决定。如果现有设施的出租率较低（空置较高），商业运营方会降低租金（价格）来吸引品牌商户（租户）。如果可用商业设施较少（空置较低），商业运营方会提高租金（价格）来筛选更能创造利润的品牌商户（租户）。大多数情况下我们可以发现历史租用率是入住率水平在起作用，它与租金增长关系密切，显然，设施的规模只会越来越大，而极少数情况下（拆除）才会减少，因此合理的市场平均租金只会越来越低，而不会越来越高。因此，理智的投资者想通过新建项目获得合理的投资回报时必须对现有市场空间和投资成本进行合理预估，至少要保证租金可能达到高于项目对等的“投资成本”。在分析时，可以通过分析当前租赁水平（空置情况）来预估租赁水平的变化趋势，确定未来租金水平的变化。

三、商圈关键指标

1. 吸纳量

吸纳量是指一段特定时间（通常是一年）内被占有的市场存量（商铺套数和面积），表示的是分析期内销售和出租商贸设施的数量之和，单位为建筑面积或套数。实际统计过程中，可按销售或出租、存量设施和新建、不同物业类型等分别统计，吸纳量会影响区域内的空置率。吸纳量通常用比率表示，一段时间内出租或销售的套数除以这段时间，如在过去四年内每年商铺出租面积是 18 万平方米，那么吸纳率为每年 180 000 ÷ 4 = 45 000 平方米。

计算吸纳量：

吸纳量 = 销售量 + 出租量。

吸纳率 = 吸纳量 ÷ 可供租售量。

吸纳周期 = 可供租售量 ÷ 吸纳量。

吸纳量是数量，可以按套或建筑面积计；吸纳率是两个数的比值，是一个比率；吸纳周期是个时间概念，单位一般按年计算。

2. 空置

空置测量的是商贸设施的总体面积中供给和需求匹配后剩余未能得到使用的设施规模。如果空置率高，表示供给超过需求，市场上有大量设施空间闲置；如果空置率低，说明需求超过供给，设施空间少。一般来讲，空置率是影响市场租金和价格的重要因素。但商圈的空置率与特定项目的空置率是两个概念，虽然两者之间具有较为紧密的联系，但并不能简单地说一个商圈的空置率高，这个商圈中的所有项目都招商困难，这是由于项目之间的定位、生命周期、业态等都存在较大差异。

空置量是整个市场范围、特定区域或具体设施中的空间空置规模，空置率是个体与整体的比率情况，即在某一特定时点，闲置设施占总商业设施供给量的百分比，可以用于城市、商圈、功能区、特定设施、特定业态或楼层，计算空置率的方法取决于需要分析的目的。市场上没有标准空置率或统一的空置率，但空置率很少为零。由于承租人具有很强的流动性，通常市场会维持在一个“可接受的”空置率水平来保持平稳的运行，大规模新增同类商贸设施进入市场会造成租金价格的下降和空置率的上升，竞争性设施的规模增加越多，租金价格下降的越明显。在表现良好的商业市场，商贸设施的供给通常超过需求一定数量，这是因为高、中、低档商业品牌和对消费需求的互相争抢，以及各租赁商户之间的周转；在表现较差的市场，供给大大超过需求，表现为商贸设施严重过剩，巨大的空置率导致租金下跌和招商困难，商贸设施之间内部竞争严重。

3. 设施租金

商贸设施开发商与承租的品牌户之间本质上是一种租赁关系，承租户向开发商租用场地，开发商则向租户收取租金。设施租金通常包含两大计价方式：一是固定租金；二是固定 + 超额租金。固定租金很好理解，就是将双方的租金确定为某一具体金额，而超额租金是指除固定租金外，设定某个租金阈值，当承租户的某些条件满足这一阈值时租户额外承担的租金，一般是销售总额的一定百分比。当销售额小于等于阈值时，超额租金为零；当销售额高于阈值水平时，则为正的，也就是说，总销售额必须达到这一阈值才能让百分比生效。因而，任何年度的商铺总租金都等于基本租金加上超额租金。

固定＋超额租金模式在统一运营管理的商贸设施中十分普遍，这些设施的承租户大多是一些品牌租户，这使得出租方更精确地掌握他们销售情况成为可能。城市里的零售商铺通常由众多的业主所拥有，然而大型设施中的所有商铺通常由某个单一实体持有。这种所有权上的不同，导致了零售物业空间分配和租赁合约上的差异，这也使得商贸设施（如购物中心）更可能使用百分比租约，这类租户通常除了支付总收入的一定百分比作为租金外，还需要支付运营管理费、节日费、会员卡费、银行结算费等等服务类费用。

在大型商贸设施中往往会存在两类租户：主力租户，非主力租户。主力租户是指那些有较大品牌影响力，能够为设施营造档次、氛围和较强顾客吸引力的承租商户；非主力租户是那些市场口碑并不出众，作为补充性商户入驻的承租商户。主力商户往往是连锁性的大型超市、知名百货商场、国际或国内知名品牌等，它们规模较大、管理规范、生命力强，通常能够为设施带来客流，其他商户因此而获益。非主力租房通常作为比较购物的组成部分而发挥作用，它们通常面积较小，类型多样，更新换代较快，也是设施租金的主要来源。基本租金和百分比租金之间存在着较强的关联，在不同类型商贸设施的租约之间，租金会根据业态的不同而有不同的计算模式。对于一些具备成熟运营经验的商贸设施会在基本租金和百分比租金之间寻找到某种平衡。现实中，基本租金与百分比租金呈负相关关系，而与销售额水平呈正相关关系，即商贸设施的基本租约设定（高/低）会影响百分比租金（低/高）的设定，两者之间呈现负相关性。同时，基本租金和百分比租约之间会保持同方向变化的趋势也非常明显，即当商户愿意支付更高（更低）的基本租金调整时，他们也会愿意支付更高（更低）的百分比租金。

实际上，不同商铺之间所支付的基本租金中价格歧视现象都是始终存在的，例如一些主力店的租金要明显低于其他店铺租金，而一些新兴店铺或非品牌性店铺要承担的租金要明显高于主力和次主力店铺。这主要是由于主力店铺对购物中心内的商铺具有能够产生销售额或客流量的外部性，这使得他们可以在设施所有者那里享受更优惠的租金待遇。这些商铺之间的外部性，就产生了顾客比较购物或补充购物的模式。当外部性存在时，理性的购物中心所有者将会歧视性地对商铺索要不同的（固定）租金水平，以此来获得运作良好的一个最优租户组合。那些有名气、规模大或产品丰富的商铺能够吸引消费者，因而支付的更少。相反，那些规模小、没名气依赖于途经客流量的零售商支付的更多。通过（租户组合）多样化、风险分担和租金歧视这三种机制，设施所有者可以获取更高的收益。由于零售租约的独特性，百分比租金是店主为分享商家销售增长的一定份额而施加于租户的一个选择，其比率依赖于销售额的波动性及租约的期限长短。高资产负债率的零售企业受到融资方面的限制，因而更可能选择百分比租约协议。

4. 租约设计

租约设计是业主和商户之间商务条款的具体体现，是用来保证所有者或管理者有足够的积极性使商贸设施保持持续良性发展的法律承诺，是一种将所有者利益与承租户利益紧密联系起来的合同形式。让业主和商户满意的租约一般会体现：一是能够吸引符合经营定位的商户；二是能创造承租商户与业主、消费者之间多赢的局面；三是能够激励商户、业主更积极地进行商业创新。此外，根据目前商贸设施运营过程中租赁招商管理中存在的主要问题，如专卖权（排他性）、持续营业条款、定期开业条款、装修标准条款、迁移和驱离条款等也是非常重要的租约构成要素。但无论如何，在招商中都要实施统一的租约管理，许多商贸设施都会依据租户的不同，约定不同长短的租约期限。一般而言，主力店由于投资大，投资回收期长，其租期一般较长，短则 8 ~ 10 年，长则 10 ~ 15 年。由于租期较长，其租金相对便宜，一般从第四年起，租金开始递增，而中小型店的租期一般为 1 ~ 3 年，由于租期较短，其租金一般较高，大多从第三年起租金递增。

零售租约的这些独特特征引出了以下问题：租约设计的目的是什么？如何通过租约设计实现设施收益的最大化？具体方法是怎样的？随着数字结算方式的普及，传统租约模式面临哪些挑战，应该如何应对？这都值得深入研究，其中为保证设施收益最大化，而采用价格模型对商贸设施的租金进行设计是最常使用的方法。一般情况下，租约设计的特征模型包括：

地段特征、规模特征、主题特征、位置特征、品牌特征、组织特征、竞争性特征、创新特征等几大部分，如：可以根据具体情况构造如下的租约设计模型：RENT = f（LOCATION，CENTER，TENANT，LEASE），分别代表：区位特征（LOCATION）、设施特征（CENTER）、品牌特征（TENANT）和经营特征（LEASE）。

商贸设施定价是一种典型异质性的复杂商品定价，受到一系列不同因素的影响。这些影响因素之间具有明显的关联性，如独特的区位（每个设施因分区、分割的不同，都有唯一的、不可能复制的位置）、建筑的主题，以及商铺自身位置和商品档次、市场成熟度、创新性、运营实力等，这些特征结合在一起相互作用共同形成设施的定价机制。一般常见的影响因素可以分为区位特征、建筑特征、租户特征和租约特征四大类，其中，区位特征包括商圈人口及购买力、设施可见性和可达性等；建筑特征包括建筑规模、建筑特色和建筑主题等；租户特征包括商铺面积、零售类型、商铺位置和商铺品牌等；租约特征包括租约期限、签约年份和租约类型等，如果想要更为精确地为设施定价就要全面考虑发展商、租户和顾客的需要，从效用理论的角度构建商贸设施定价分析体系。

但也要注意，虽然可以通过区位、建筑和商铺本身等因素特征的组合来确定设施的租赁价格，但定价的差异不仅受到客观因素的影响，也会受到主观和外部因素的重要影响。从客观的角度来看，影响因素及其影响程度都非常有限，反而是主观因素的影响会更加明显，比如政治环境、市场氛围、竞争对手、消费信心、市场趋势等因素，还包括运营管理水平、营销企业能力、客户满意度等方面的影响，因此一定要科学、慎重地深入分析定价差异的生成原因。

四、常用分析模型

（一）雷利模型

美国学者威廉·J. 雷利（W. J. Reilly）利用3年时间调查了美国150个城市，提出了“零售引力规律”，总结出都市人口与零售引力的相互关系，被称为雷利法则或雷利零售引力法则，即具有零售中心地功能的两个都市，对位于其中间的消费者的吸引力与两都市的人口成正比，与两都市与中间地都市或城镇的距离成反比。该法则指出：城市人口越多、规模越大、商业将越发达，当地供应的商品和服务在数量、品种、方式等方面就会有相应更大的发展空间，必然吸引更多的顾客去该地区购买商品，其区域内的商贸设施对顾客购买的吸引力就越大。具有零售中心地机能的两个城镇对位于其中间消费者的吸引力与两城镇的距离平方成反比，这是由于顾客消费需要考虑购物成本，距离越远购物成本越高，所以吸引力下降。

雷利零售引力法则是最原始、最基本的商圈理论法则，以后的众多法则均源于该法则关于零售吸引力的核心思想之上，这个法则对研究城市商圈具有重要意义。如果企业无法在投资地获得更为详尽的资料，只能通过官方资料大概知道该地人口和地理情况，那么就可以利用雷利法则对该地点进行初步的吸引力判断。雷利法则运算方法简单，数据获得容易，是进行商贸设施投资时，在选址阶段的早期经常使用的方法。

公式如下：

$$Ba/Bb=(Pa/Pb)(Db/Da)^2$$

其中，Ba 为城市 A 对 A、B 城市中间某地 C 处顾客的吸引力；

Bb 为城市 B 对 C 处顾客的吸引力；

Pa 为城市 A 的人口；

Pb 为城市 B 的人口；

Da 为城市 A 与 C 处的距离；

Db 为城市 B 与 C 处的距离。

假定某个区域有两个都市商圈，商圈的规模、经营品类、价格水平、交通状况等都差不多的情况下，顾客会优先选择距离最近的商圈购物。通过雷利法则可以计算出两个商圈之间的临界点，通过距离来量化。雷利零售引力定律的假设有几个前提：

（1）两城市主要道路交通易达性一样。

（2）两城市之间零售店经营绩效无多大差异。

（3）两城市人口分布相似。

如此才能求得完整商圈而不变形。雷利法则如图 4－6 所示。

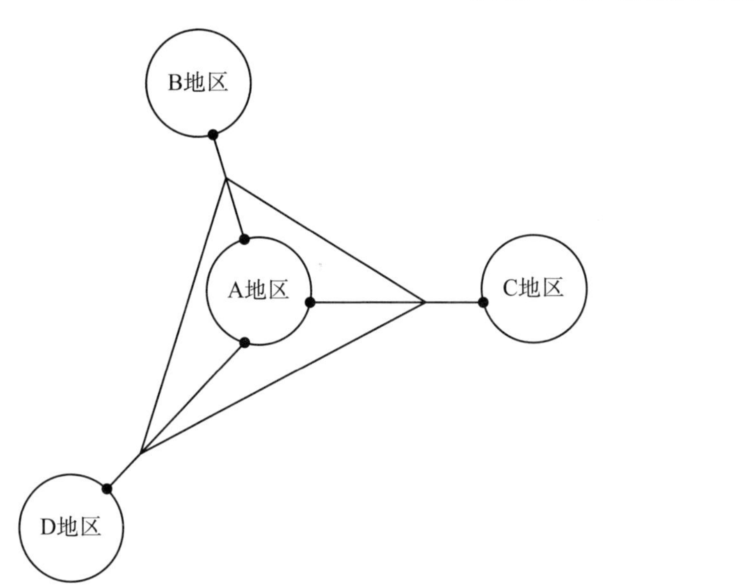

图4－6　雷利法则示意图

我们可以通过一组实际数据来计算，假设AB两个地区的距离为16公里，A地区有4万人，B地区有9万人，则通过公式可以算出A地区对B地区的临界点是6.4公里。如果该城市还有CD两个地区，我们则需要把A地区相对于BCD之间的三个临界点找出来，将临界点连在一起就构成了A地区的吸引力范围，如图4－6所示，三角区内即为A地区的势力范围。需要注意的是临界点只代表在此点AB商业区的吸引力相同，并不代表临界点以外地区的消费者不会去另一边购物。雷利法则只能用于简单的商圈吸引力计算，不过它的弱点是没有考虑交通状况，也没有考虑商圈之间的差异性和竞争对手的存在。

（1）只考虑距离，未考虑其他交通状况（如不同交通工具、交通障碍等），若以顾客前往商店所花费的交通时间来衡量会更适合。

（2）顾客的“认知距离”与实际距离之间的差异会受购物体验的影响，如品牌、服务态度、设施等，通常会使顾客愿意走更远的路。

（3）因消费水准、竞争关系的不同，人口数有时并不具代表性，改以销售额来判断更能反映其吸引力。

（二）哈夫模型

哈夫吸引力模型解决了雷利模型中的几个问题，哈夫模型也叫作时间面积商圈界限模型。哈夫认为商圈的吸引力与商圈规模大小、知名度成正比，与消费者到达商圈所感知的时间距离的阻力成反比（不是直接距离，是消费者的感知，和交通状况密切相关）。所以他的公式如下。

$$P_{ij} = \frac{S_j^{\mu} \div T_{ij}^{\lambda}}{\sum_{j=1}^{n} (S_j^{\mu} \div T_{ij}^{\lambda})}$$

P_{ij}表示住在 i 地区的消费者到 j 商圈购物的概率，这是一个相对值。

S_j 表示 j 商圈的卖场吸引力，和卖场面积、知名度、促销活动，商圈的成熟度，商圈的经营品类等有关，在实际计算中可以用商圈营业面积或某个品类的营业面积来量化。

T_{ij}表示 i 地区消费者到 j 商圈的距离阻力和公共交通的难易程度、自驾车的用时等有关，在实际计算中可以用顾客平均所花交通时间或者交通距离来量化。

μ 表示商圈吸引力或商店规模对消费者选择影响的参变量，也就是根据 S_j 来调整这个变量，一般为 1，如果商圈的吸引力足够大也可以大于 1。

λ 表示到商圈的时间或距离对消费者选择该商店影响的参变量，也就是根据 T_{ij}来调整这个变量的数字，一般为 2，必要时可以根据经验来调整。

n 表示 i 地区消费者愿意去购物的商圈数量。

通过这个公式算出来的 P_{ij}只是一个概率值，需要再乘以 i 地区的总人数即可以得到愿意到 j 商圈购物的人数。

第三节　竞争对手分析

20 世纪 90 年代后，我国商贸设施投资进入高速增长期，投资额和商业面积以年均两位数的速度保持快速增长，同质化设施不断增多，白热化竞争开始出现。在这一背景下，部分设施出现收入无法弥补费用，面临关店出局的境地，尤其是电子商务等新型流通模式进一步普及，传统百货店、综合量贩店、专业店、便利店、商业街等设施空间进一步被压缩，差异化竞争变得异常艰难。随着数字经济的快速发展，未来的商业竞争已经不仅是商贸设施空间之间的竞争，未来的竞争既可能是实体店铺之间的竞争，也可能是数字化网络平台的竞争，也可能是两者之间深度融合的竞争，竞争已经超越了传统商贸设施地理空间的限制。

事实上，无论是实体商贸设施还是电商平台都在一定的地理空间、网络空间上相互争夺消费者，只是实体设施的地理范围更狭窄，设施间的竞争会随着设施间距离的增大而减弱。例如，北京的商业设施与深圳的设施之间就几乎不存在竞争关系，也就是说，实体设施的竞争被限定在某一特定地理范围，由于这种地理空间的差异，实体商贸设施之间就不可能存在真正意义上的同质化竞争，也就是习惯上说的：地段，地段，还是地段。即使市场上消费需求的增长远远超过设施规模增长的速度，因竞争关系的存在，也可能只有一部分设施受益；同样，市场萎缩时，也可能只有一部分设施受影响而萎缩。

这就使商贸设施之间的竞争从过度竞争变成了淘汰竞争——竞争力强的设施把竞争力弱的设施从市场中驱逐出去。在过度竞争中，提供同质产品和服务的竞争者相对于需要来说过多，谁会成为失败者并不明确，任何一个竞争者都有可能成为败者；而淘汰竞争中，在同一市场中的竞争者之间，竞争力出现明显的差异，处于劣势的竞争者最终会被排除在市场之外。

具有绝对竞争力的设施，经常会被称为市场杀手。例如这几年较受欢迎的屈臣氏、生鲜商超里的永辉超市等都可以算作品类杀手，品类杀手的目标就是要控制该品类，消灭竞争者。有很多例子，如美国玩具反斗城的出现，使玩具卖场在全美百货店消失了；再如国美、苏宁、京东等大型家电专业店的出现，不仅淘汰了中小家电店，甚至很多综合量贩式的家电卖场也被消灭了。可以称为市场杀手的竞争者不仅会影响到品类商铺，而且也会对大型集聚式商贸设施产生影响。由于商贸设施一般都是在范围比较狭小的区域市场中竞争，在这种市场中，一旦出现复合品类的市场杀手级设施类型，商圈结构就会面临重新洗牌，一些原来以这些品类为主体的传统设施就会面临客流或租金下降，掉铺、空铺开始增加，如果不能有更具竞争力和创新性的品类商家进行补充，被淘汰就是早晚的结局。

在这种淘汰竞争的市场背景下，被淘汰者最大的共同特征是“非专业化”，尤其是个体店铺设施。由于非专业设施大部分都是生计店，其特征主要体现在经营目的是维持生计，从业人员以亲属、好友为主，经营与生计不分开，这种设施往往是区域型和近邻型商贸设施，生产效率处于极低的状态，导致其竞争力更低。如传统以家庭或个人为单位的个体店铺无法在规模、服务等方面与专业型店铺竞争。但必须注意，这种店铺的生命力却是极强的，它们往往不会因为销售下降或面临亏损就轻易倒闭，而是会仍以部分收入勉强维持生计。我国个体店铺大量出现在改革开放后一段时间，由于经济处于高速增长时期，人口向城市快速集中，出现了店铺或卖场面积供给不足的情况，成为个体商贸设施高速增长的黄金阶段。随着设施规模不断增加，市场空间不断减少，个体店铺的“创富效应”降低，个体型商贸设施被市场挤压出去，规模化、综合化、专业化成为当前和未来商贸设施的主流趋势，由百货店、超市、专业店、便利店、休闲娱乐等业态组成的综合型设施大行其道，办公、医疗、教育等业态也纷纷入驻，这样的综合型商贸设施逐渐替代小型设施，成为商贸设施的主力军。

为了得到区域内竞争对手的合理判断，可以通过对区域内已有设施的物业特性、经营模式、运营水平等方面进行德尔非法的专家分析，如表 4 -4 所示。这种判断一般可以从客观和主观两个层面进行分析，客观方面包括地段因素、地点的属性和特征、设施特征、租户特征、设施联动等；而主观方面往往包括设施品牌、运营实力、管理水平、创新能力等方面。

表 4 -4　　对设施进行商圈分析的主要指标

地段因素	
城市地区的可达性	区域内消费者可以到达物业的能力
地点可达性	一般地区的消费者到达该地点的能力
交通替代方式	驾车、公交、骑行、步行等方式便捷性
外部效应	临近土地的使用和开发定位增加或减少物业的价值
地点	设施周围的其他设施水平、经济环境
设施特征	
商业品牌	品牌知名度、品牌口碑、连锁化水平
规模	建筑物的总面积、总租赁面积、公共区域面积
设计风格	建筑物外形；吊顶、地面、软装风格；场景营造
可见度	外立面可见度，夜视吸引力

续表

设施特征	
配套设施	停车场、中庭、广场、水池喷泉、景观等
动线合理性	垂直及水平动线、铺位合理性
引导标识	楼层引导、导视系统、智慧化系统
特色和服务	体验、服务、网络等
租户特征	
主力商户	主力商户的品牌和规模、档次
热销品牌	消费者口碑型品牌的拥有量
排他性商户	区域中具有唯一性的品牌商户数量
商户多样性	商户经营内容和经营商品档次的多样性
创新商户	具有新颖创新的非传统类商户
商务条件	商务条款的优惠设置
联动关系	
功能多样性	周边其他社区配套的多样性水平
消费多样性	周边消费群体的多样性水平
商业多样性	周边其他商业设施的多样性水平

设施竞争力测算是基于商圈引力模型的具体应用，是通过对同一消费群体对不同设施消费意愿的评估来衡量设施竞争力的高低，这一竞争力会因每个竞争设施的相对吸引力而变得非常不同。要进行设施竞争力测算，需要知道某一区域内具体设施的消费总量、新店和所有现有竞争者的地理位置和面积，以及所有消费来源地和目的地之间的距离。用公式表示为：消费捕捉率（消费者拜访店铺的可能性，竞争系数）=（店铺规模/到达店铺的距离）/各竞争店铺的区域总捕捉率（区域商业面积总规模/到达店铺的距离）。其中，计算区域竞争设施对标的设施的竞争系数，按照店铺 *A* 捕捉系数 = 店铺 *A* 的面积/店铺 *A* 到标的店铺 *X* 的距离；店铺 *B* 捕捉系数 = 店铺 *B* 的面积/店铺 *B* 到标的店铺 *X* 的距离；店铺 *C* 捕捉系数 = 店铺 *C* 的面积/店铺 *C* 到标的店铺 *X* 的距离；*sum* 捕捉系数 = 店铺 *A* 捕捉系数 + 店铺 *B* 捕捉系数 + 店铺 *C* 捕捉系数；因此，店铺 *A* 捕捉率 =（店铺 *A* 的面积/店铺 *A* 到标的店铺 *X* 的距离）/*sum* 捕捉系数，以此类推。

可以看出，设施规模对商业竞争力具有最直接的影响，规模越大，竞争力越强，即便距离相同，消费者去往规模更大设施的捕捉系数更大；即使距离更远，只要规模比其他设施的规模占优，也会产生超过其他设施的竞争力。假设有一个独立经营的超市面积为 2 787 平方米，每平方米的销售额标准为 1 399 元才可以保本，消费者的一般驱车标准为 10 分钟车程。在确定驱车时间的界限后，通过调研发现该地区的人口为 16 275 家住户。该地区的平均家庭收入为 3 万元。当前，在该区域内知道已经有两家相似的超市出售同类型的竞争性产品，面积加起来有 1 858 平方米。统计数据表明，在该区域内的人们会花费他们收入的 1.25% 用于在超市的日常消费，统计数据还揭示该地区的消费外流约为 25%。那么，在该地段是否适合增开一家新的独立经营的超市？分析区域住户 16 275 户，每个家庭收入 3 万元，该区域的收入总和是 30 000 × 16 275 元；而超市类的消费比例为 0.0125，又由于消费外流了 25%，也就是说本区域内的超市消费仅为 75%，这样就可以推算出该区域总的超市花费，用这一数字除以总面积，得出 985.43 元的潜在消费坪效，由于计算后每平方米潜在销售仅为 985.43 元，经营水平低于超市标准的 1 399 元，不建议在此地段增设一家超市。

第四节　消费者/经营户分析

在商贸设施的消费者分析部分，一般从两个维度进行分析。一个是商贸设施的终端消费人群的角度，即具有消费需求的终端消费者；另一个是商贸设施的承租方，也就是品牌商户的角度，即具有租赁需求的商业经营户。一个是消费者消费意愿、消费能力层面的分析，另一个是经营户对商贸设施、竞争对手评价层面的分析。

一、第一层面的分析：消费者分析

现实应用中，消费者分析一般会更侧重人口统计学、经济学和/或消费心理学特征的分析，其中：（1）消费者收入（人均收入、平均家庭收入、家庭收入中位数和收入分配）；（2）人口和住户数量；（3）零售商品和服务类型，如家用食物、外出就餐、服装、家具和其他类的消费支出比例；（4）其他影响零售支出的特征有年龄、住户规模、心理关注点（态度、行为习惯、生活方式、喜欢和品位）等。这些变量可以预测指定区域的消费者购买力、可支配的购买力、零售商品和服务可支配购买力的分配情况。当然，消费者不可能花费所有收入都进行消费，他们只可能花费可支配收入中的一部分，这就要求在分析时必须用总收入减去各种税收、必要开支，以及其他可能的储蓄。例如：如果一个人的总收入是1万元，个人所得税按12%，那么可支配收入就是总收入的88%，可支配收入为8 800元。同时，由于不同的商品和服务有不同的营业税，如果一些零售商品和服务的营业税是8%，那么消费者的实际可支配净收入就会低于80%，即8 000元的净可支配收入。消费者支出结构数据反映出个人和/或家庭在不同零售商品种类，如家用食物和外出就餐，以及服装、家具等的支出比例。根据一般零售市场的经验，家用食物占可支配收入在5%～12%，服装占1%～3%，休闲娱乐占1%～5%，另外像住房支出占30%以上，交通支出占20%，个人保险和养老金支出占8%左右，这类占比受地方经济和消费习惯的影响较大，具体数据可以在地区的政府统计年鉴中得到。

同时，消费者也不可能总是在附近的区域购买，偶尔也会去其他地区（其他城市、其他商圈、其他设施、网络平台等）购买，即消费外流。如果一个地点有比较清楚的零售商圈，那么用人口乘以该商圈内的人均收入预测的总购买力就是标的物业的直接购买力，有时消费者中一些人会在商圈之外进行消费，就需要扣除掉消费外流的部分，这就是购买力的流失。如上班途中购买早餐就是这样一种流失，在工作地点解决午餐是另一个流失。同样，别的商圈内的居民也可能到标的物业的商圈内购买商品或者服务，沿着主要通勤路线的餐厅的早餐消费者一般都居住在不同的商圈，这些消费者促进了该商圈的销售。这种情况比较明显的例子是在写字楼工作的人会在工作地点附近就餐或者购物，这些消费者是该商圈的日间人口，他们在设施周边工作，但是不居住在那里。因此，要准确分析某一固定区域内的可支配购买力，就必须对该地区消费者的整体购买力在区域内和区域外，以及指定商品和非指定商品间进行比例分配。也就是说，住在指定地区的消费者不会100%都在该地区内具体的某个商店全部花光，人们可能在该地区内花掉90%用于购买日常各类商品，而另外10%是花在该地区之外的，包括办公地点附近购买、网上购买或其他渠道购买。这些比例并没有严格的实证标准数据。这就需要对消费者购买行为进行更进一步的分析，并对指定地区的费用支出比例进行研究。假设通过询问现场消费者的方式询问有多少比例花在某设施的购物上，比例可能会非常高，但肯定不会是100%，因为人们还会在工作地点附近或者回家的路上购买这些商品，有时还必须考虑外卖食物或者外出就餐的支出。区域中最好的面包店虽然在本地区占有很高的比例，但显然也有部分是卖到了外部区域。例如，要测算指定地区外出就餐（涉及区域内餐饮业态的配置规模和比例）的花费是多少时，如果该区域是工薪阶层的公寓类住宅，则区域中的大多数人都不在他们居住的指定区域吃午餐，而是在他们的办公室附近解决午餐，或者在指定地区之外自己最喜欢的餐厅吃晚餐，同时可能在路上会停下来买各种各样的饮料。人们会有各种各样不同的情况不在他们居住地区用餐，可能只有一周中的周末家庭或好友聚餐才会在离家比较近的指定地区内，因此，指定地区内给外出就餐的分配比例一般低于40%。当然，不同区域、不同消费群体、不同业态之间的消费外流显然是不一样的，这些预测往往仅是在经验判断的基础上得出，在分析这些业态的消费外流时就要更加谨慎。

在进行消费者分析时，如果仅仅停留在对区域消费整体的分析显然不够。由于不同群体的消费习惯会产生完全不同的消费需求，而不同的消费需求又引发商业设施中不同的业态规划，这就要求进一步分析消费领域的具体业态的供给是过剩还是存在市场缺口。比如要预测某一区域内购物中心对“影视娱乐业”的需求，需要通过统计调研得出区域内的消费人口，然后确定他们在影视娱乐消费中的支出比例，同时考虑到该地区影视娱乐消费的异地流失水平，然后计算出本地消费比例进行分析。当然，这种方法也存在一定的局限性，尤其是对酒店、餐饮、休闲娱乐等迭代速度较快业态时的局限性更大，因为消费者对这些业态存在显而易见的“喜新厌旧”，这类设施的需求往往源于同业之间的内部竞争。

二、第二层面的分析：经营户分析

第二个层面的分析往往会更加关注商户对设施的评价，包括设施规模、建筑形态、立面形象、商业主题、品牌、内饰等方面。由于这个层面的分析更加偏重具体品牌商户对设施的评价，因此项目投资分析也更具指导意义。很多投资者在分析品牌商户的过程中存在典型的“三个误区”：一是主体误区。很多开发商忽略了商业经营主体的专业性，只管卖铺收租，而没有考虑对商户主体的培育与辅助，项目按照投资者的最大效益需求建设而忽略了品牌商户的实际经营需要，这是典型的主体误区。二是品牌定位误区。商贸设施都希望招到好的品牌商户，有时觉得只要舍得花成本，就一定可以把世界名牌引进来。当然，在某些设施中这种方法确实有效，有时候确实也可以招到好的品牌商家，但大量这样引进的商户存在落地难、运营难、成本高的问题，招商的“贪大图洋”最后造成项目生命力不强。三是运营管理误区。很多时候业主方或管理者都存在只招商不养商的问题，认为只要品牌进来了，其他事情就是商户自己的问题，殊不知品牌可以进就可以撤，品牌经营的好坏不但直接影响设施租金的收缴，而且更加会影响到设施的口碑和商业氛围，经营良好的品牌可以为设施赋能，经营不好的品牌会严重拉低设施的消费体验。

商贸设施发展趋势已经向订单式规划、按需建设、共同经营的模式发展。任何一个设施都应该在建设前，对可能的承租户或品牌商户进行充分调研和沟通，形成“项目预招商”机制，尤其要与那些有特定要求的商家进行充分交流，充分了解其所想、所需之后再进行规划建设，从注重品牌引进，向注重共同运营转变，“预招商”阶段的科学与否，会对整个项目的全过程产生不可估量的影响，也是商贸设施投资分析的必经之路，是进行设施分析时的重中之重。

第五节　数据分析方法

一、数据获取方法

和其他领域的研究一样，要实现对商贸设施的科学分析与研究，必须要收集和分析各类相关数据。数据的收集一般分为一手数据、二手数据两类，收集方法可以分为观察法、访谈法、问卷法、测验法、个案研究法等，随着智能化设备的应用日益广泛，数据的收集更加趋向于智能化方向，在线收集、自动收集等方法发展迅速。

（一）观察法

观察法是研究者通过直接的现场观察或一定的仪器设备，有目的、有计划地对某一区域或某一项目的规划、设计、运营等方面进行观察，并根据一定的分析框架分析商业设施的特征或规律的一种方法。一般而言，商业设施具有比较突出的外显性，通过观察其外观、布局、品牌、商品、活动等可以比较直观地了解到一个项目的商业特征。因此，观察法是商贸设施研究中最基本、最普遍的一种方法。由于人的感官具有一定的局限性，观察法往往需要研究者具备较丰富的商业经验，才可以比较直观地从观察现象中得到科学的结论，有时观察者也会借助各种现代化的仪器和手段，如照相机、录音机、显微录像机、计数器、人流探测仪等来进行辅助观察。观察法的主要优点是可以观察到被试者在自然状态下的行为表现，所获结果比较真实，可以直接在实地观察到行为的发生、发展，能够把握当时的全面情况、特殊的气氛和情境。观察法的缺点是研究者处于被动地位，往往只能等待行为的发生，同时收集资料颇费时间和成本，同时，观察法的结果往往难以精确计量，观察可能受到主观因素影响，难以做到完全客观公正。

观察法的一般要求：

（1）养成观察习惯，形成观察的灵敏性；集中精力勤奋、全面、多角度进行；观察与思考相结合。

（2）制定好观察提纲。观察提纲因只供观察者使用，应力求简便，只需列出观察内容、起止时间、观察地点和观察对象即可。为使用方便还可以制成观察表或卡片。

（3）按计划（提纲）实行观察，做好详细记录，最后整理、分析、概括观察结果，得出结论。

对某一个特定调查问题，从成本和数据质量的角度出发，需要选择适合的观察方法。比如自然观察法、设计观察法、掩饰观察法、机器观察法等。

（二）访谈法

访谈法是指通过研究人员和受访人员面对面地交谈来了解研究项目基

本特征的研究方法。因研究问题的性质、目的或对象的不同，访谈法具有不同的形式。访谈法在商业设施的调研中运用广泛，尤其是对多个商户、多个品牌、多个项目利益相关者的访谈，能够简单而叙述地收集多方面的工作分析资料，根据标准化程度的不同，可分为结构型访谈和非结构型访谈，同时访谈法也有正式的和非正式的；有个别访谈，也有座谈会的团体访谈。

在访谈过程中，尽管谈话者和被访者的角色经常在交换，但归根结底访员是听话者，受访人是谈话者。

1. 访谈调查法的优点

（1）灵活。

①访谈调查是访谈员根据调查的需要，以口头形式，向被访者提出有关问题，通过被访者的答复来收集客观事实材料，这种调查方式灵活多样，方便可行，可以按照研究的需要向不同类型的人了解不同类型的材料。

②访谈调查是访谈员与被访者双方交流、双向沟通的过程。这种方式具有较大的弹性，访谈员在事先设计调查问题时，是根据一般情况和主观想法制定的，有些情况不一定考虑十分周全，在访谈中，可以根据被访者的反映，对调查问题做调整或展开。如果被访者不理解问题，可以提出询问，要求解释；如果访谈员发现被访者误解问题也可以适时地解说或引导。

（2）准确。

①访谈调查是访谈员与被访者直接进行交流，可以通过访谈员的努力，使被访者消除顾虑，放松心情，作周密思考后再回答问题，这样就提高了调查材料的真实性和可靠性。

②访谈调查事先确定访谈现场，访谈员可以适当地控制访谈环境，避免其他因素的干扰，灵活安排访谈时间和内容，控制提问的次序和谈话节奏，把握访谈过程的主动权，这有利于被访者能更客观地回答访谈问题。

③由于访谈流程速度较快，被访者在回答问题时常常无法进行长时间的思考，因此所获得的回答往往是被访者自发性的反应，这种回答较真实、可靠，很少掩饰或作假。

④由于访谈常常是面对面的交谈，因此拒绝回答者较少，回答率较

高。即使被访者拒绝回答某些问题，也可大致了解他对这个问题的态度。

（3）深入。

①访谈员与被访者直接交往或通过电话、上网间接交往，具有适当解说、引导和追问的机会，因此可探讨较为复杂的问题，可获取新的、深层次的信息。

②在面对面的谈话过程中，访谈员不但要收集被访者的回答信息，还可以观察被访者的动作、表情等非言语行为，以此鉴别回答内容的真伪，被访者的心理状态。

2. 访谈法的局限

（1）成本较高。访谈调查常采用面对面的个别访问，面对面的交流必须寻找被访者，路上往返的时间往往超过访谈时间，调查中还会发生数访不遇或拒访，因此耗费时间和精力较多；另外较大规模的访谈常常需要训练一批访谈人员，这就使费用支出大大地增加。与问卷相比，访谈要付出更多的时间、人力和物力。由于访谈调查费用大、耗时多，故难以大规模进行，所以一般访谈调查样本较小。

（2）缺乏隐秘性。由于访谈调查要求被访者当面作答，这会使被访者感觉到缺乏隐秘性而产生顾虑，尤其对一些敏感的问题，往往会使被访者回避或不做真实的回答。

（3）受访谈员影响大。由于访谈调查是研究者单独的调查方式，不同的访谈员的个人特征，可能引起被访者的心理反应，从而影响回答内容；而且访谈双方往往是陌生人，也容易使被访者产生不信任感，以致影响访谈结果；另外，访谈员的价值观、态度、谈话的水平都会影响被访者，造成访谈结果的偏差。

（4）记录困难。访谈调查是访谈双方进行的语言交流，如果被访者不同意用现场录音，对访谈员的笔录速度的要求就很高，而一般没有进行专门速记训练的访谈员，往往无法很完整地将谈话内容记录下来，追记和补记往往会遗漏很多信息。

（5）处理结果难。访谈调查有灵活的一面，但同时也增加了这种调查过程的随意性。不同的被访者回答是多种多样的，没有统一的答案，这样，对访谈结果的处理和分析就比较复杂，由于标准化程度低，就难以做定量分析。

（三）问卷调查法

问卷调查法也称问卷法，是调查者运用统一设计的问卷向被选取的调查对象了解情况或征询意见的调查方法。问卷调查是以书面提出问题的方式搜集资料的一种研究方法。研究者将所要研究的问题编制成问题表格，以邮寄方式、当面作答或者追踪访问方式填答，从而了解被试者对某一现象或问题的看法和意见，所以又称问题表格法。问卷法的运用，关键在于编制问卷，选择被试者和结果分析。在商业调查中，根据研究问题的不同类型，问卷的题项一般有三种基本类型，即开放型题项、封闭型题项和混合型题项。问卷调查的实施一般要经过设计调查问卷、选择调查对象、分发问卷、回收和审查问卷，对问卷调查结果进行统计分析和理论研究等几个步骤。

1. 问卷调查法的优点

（1）问卷调查法的最大优点是，它能突破时空限制，在广阔范围内，对众多调查对象同时进行调查。

（2）便于对调查结果进行定量研究。

（3）匿名性或实名性。

（4）节省人力、时间和经费。

2. 问卷调查法的缺点

（1）最突出的一点就是它只能获得书面的社会信息，而不能了解到生动、具体的社会情况。

（2）缺乏弹性，很难做深入的定性调查。

（3）问卷调查、特别是自填式问卷调查，调查者难以了解被调查者是认真填写还是随便敷衍，是自己填答还是请人代劳；被调查者对问题不了解、对回答方式不清楚，无法得到指导和说明。

（4）填答问卷比较容易，有的被调查者或者是任意打钩、画圈，或者是在从众心理驱使下按照社会主流意识填答，这都使得调查失去了真实性。

（5）回复率和有效率低，对无回答者的研究比较困难。

（四）二手数据

二手数据是相对于原始数据而言的，指那些并非为正在进行的研究而是为其他目的已经收集好的统计资料。与原始数据相比，二手数据具有取得迅速、成本低、易获取、能为进一步原始数据的收集奠定基础等优点。

通过第二手资料的调研，市场调研人员可以把注意力集中到那些应该着重调查的某些特定的因素上。如果有许多市场摆在面前要去选择，第二手资料调研可以帮助调研人员排除不理想的市场而认准最有前途的市场，并为进一步的实地调查奠定基础。二手数据调研可以为实地调研提供必要的背景资料，使实地调研的目标更加明确，从而节省时间和调研成本，为实地调研打下基础，二手资料的来源主要可以分成两大类：内部资料来源和外部资料来源。

一般商贸设施投资分析涉及的数据获取类型，如表4－5所示。

表4－5　　　　商贸设施分析中数据获取的主要类型

分析类型		结果和技巧
需要分析	识别城市基础	实地调研，解读二手数据
	识别经济基础	商业统计分析，面谈
	基础就业预测	面谈，解读二手数据
	总人口预测	人口统计分析，解读二手数据，面谈
	居民人均可支配收入	收入统计分析，解读二手数据，面谈
	区域消费水平	社会消费统计分析，解读二手数据，面谈
	市场概述	走访面谈，解读二手数据
供给分析	已知和可预测的商业设施存量	实地调研，解读二手数据
	已知和可预测的商业空置情况	商业统计分析，调研
	已知和可预测的商业设施租金成本	解读二手数据，面谈
	识别并定位的市场竞争对手特征	解读二手数据，面谈
	已知和可预测的存量关系	软件，解读二手数据，面谈
	已知和可预测的价格范围	软件，解读二手数据
其他因素分析	识别城市发展阶段	综合判断，专家访谈
	识别商业经济周期	综合判断，专家访谈
	识别技术变革冲击	综合判断，专家访谈
	识别未来增长方向	综合判断，专家访谈
	识别并确认缺口	综合判断，专家访谈

二、数据处理方法

对于分析商业调查获取的大量原始数据，可以通过统计分析方法进行解读，经常用到的基本统计概念有加总、分布、百分比、密度等。

1. 加总数据

加总数据就是某确定市场区域的相关数据的简单求和。例如：如果我们想要知道家庭总数，加总家庭收入或区域商业总面积。有某种特征的加总数据往往会有很多信息渠道可以获得，加总是最简单的数据解读方法。

2. 分布

利用分布来解读数据是一个简便易行的方法。例如：人口数据可以分布为年龄、收入和职业，但分析时可能只需要知道年龄在 18 ~ 45 岁之间的人数或年收入在 30 万 ~ 50 万元的家庭数量，又或者是高中学生的数量等。

3. 百分比

在商业分析中会大量用到百分比来进行分析。例如：商业设施内的业态占比，销售占比、面积占比等。为了计算这些数字，需要先计算出总的商业面积、总的销售额、总建筑面积等，然后再用相应的业态面积、品牌销售额、品牌面积等除以上述数据，就可以得到百分比数据。通常百分比数据不能通过调研的一手数据或二手数据得出，需要自己计算。

4. 密度数据

密度是指每个单位所包含的考察对象的个数，如每平方英里的人口。要计算这个数字就需要用总人口除以总面积来计算，若使用者想绘制出数据资料图，密度这个指标就相当重要。要绘制密度数据必须用相等的面积单位，如每平方英里。在进行数据分析时，往往还需要对数据进行二次加工，加工方法一般有三种：平均值、中间值、标准差。

三、GIS 系统应用

地理信息系统（GIS）是可以反映城市现状、规划、变迁的各类空间数据（如地形、地貌、建筑、道路、综合管线等）以及描述这些空间特征的属性数据通过计算机进行输入、存储、查询、统计、分析、输出等的一门综合性空间信息系统。城市地理信息系统是应用在城市政府、部门、企业及市民社会生活中等领域的地理信息系统。

GIS 软件是城市地理信息系统的核心。地理数据是地理信息的一种载体，它包括描述地球表面空间分布事物的属性数据和空间数据。地理数据不仅能表达地球表面上某个物体或现象是什么，而且也能表达它们的空间位置。描述地球表面的一个地物或现象，必须使用两类不同的地理数据：属性数据和空间数据（空间数据又称地理位置数据）。属性数据说明某个地表事物和地表现象是什么，如道路交叉口的交通流量，道路路段的通行能力、路面质量，地下管线的用途、管径、埋深，行政区的常住人口、人均收入，房屋的产权人、质量、层数等；空间的数据说明地理事物和地理现象在哪里。空间数据对二维空间各种事物最基本的表示方法是点、线、面，点是城市中有确切的位置，但大小、长度可忽略不计的事物，如道路交叉口；线是面积可以忽略不计，但长度、走向很重要的事物，如道路、地下管线；面是具有封闭的边界、确定的面积的事物，在形态上表现为不规划的多边形，如行政区域、规划地块等。地理基础数据是城市地理信息系统中必不可少的重要数据，主要包括地形、居民点、交通道路、水系、行政区划接线等内容的数据。

GIS 系统包含了地理基础要素和资源、环境、社会经济等多种类型的数据，在时间上是多时叠加的，结构上是多层次的，性质上又有“空间定位”和“属性”之分，既有以图形为主的矢量数据，又有以遥感为源的栅格数据，还有关系型的统计数据。因此，GIS 系统对商贸设施分析具有多层面的价值。

第五章　经典理论模型简介

第一节　雷利模型

在关于零售业选址的诸多理论当中，最广为人知的就是雷利（W. J. Reilly）的零售引力定律。它被表述为“某城市的零售业从其周边的某居住地吸引的交易额与该城市的人口成正比，与该城市和该居住地间距离的平方成反比”。雷利的“定律”与万有引力定律十分相似，由于一方面具有类推的说服力，另一方面又与我们的经验十分吻合，所以说它在有关商贸设施选址的书籍中一定会被提及。

雷利在调查 20 世纪 20 年代得克萨斯州从周边居住地流入城市的交易额（零售的购买额）的决定因素时，发现并证实了某居住地流向 A 和 B 两个城市交易额的比例与 A 和 B 人口的比成正比，与从这个居住地到 A 和 B 距离的平方的平方成反比。将这个定律公式化后为：

$$B_a/B_b=(P_a/D_a^2)/(P_b/D_b^2) \tag{5-1}$$

其中，B_a = 流入城市 A 的交易额；

B_b = 流入城市 B 的交易额；

P_a = 城市 A 的人口；

P_b = 城市 B 的人口；

D_a = 距城市 A 的距离；

D_b = 距城市 B 的距离。

这里若把城市的人口换作质量的话，很明显这个定律就是对万有引力定律的类推，雷利也同意把它叫作“零售引力定律”。雷利的研究被之后的其他研究者所继承，康维斯（P. D. Converse）于 1949 年对“零售引力”

加以发展。康维斯新发现了计算雷利没有考虑到的在各居住地残留的交易额的公式，从式（5－1）中推导出了计算在连接城市 A 和 B 直线上划分 A 和 B 各自优势范围的节点的公式，即：

$$D_{br}=D_{ab}/(1+\sqrt{P_a}/\sqrt{P_b}) \tag{5-2}$$

其中，D_{br} = 从城市 B 到节点的距离；

D_{ab} = 城市 A 和 B 之间的距离；

P_a = 城市 A 的人口；

P_b = 城市 B 的人口。

康维斯推导出节点公式之后，提出断裂点理论。该理论认为，一个城市对周围地区的吸引力与它的规模成正比，与距它的距离的平方成反比。康维斯的研究之后，零售引力定律研究在世界各地展开，并且这些研究表明了雷利—康维斯的定律不能原封不动的适用于像美国中西部以外的地区。例如，意大利的研究运用铁路运费和列车的频率来代替距离的方法拟合度很高，还有日本的研究出现了服装交易额的比不是与距离平方的比而是与距离的比成反比的测量结果。当然这些实证结果一方面反映了美国中西部和意大利、日本的交通情况的不同，另一方面又提出了这样的疑问，雷利—康维斯的定律本身是否太过简单的转用了万有引力定律，它能否充分反映零售业的现实。

第二节　哈夫模型

对于雷利—康维斯的定律提出最尖锐批评的是哈夫。哈夫观察到居住在同一居住地的消费者消费支出额的分配未必遵循雷利的定律，由于根据个人和时期的不同，购物场所会有所偏颇，这件事成为所谓的哈夫模型开发的直接契机。哈夫的批评针对雷利—康维斯的定律是由经验产生的结果，认为其理论依据薄弱，式（5－1）是决定论性质的，缺乏对于散乱数据进行说明的机制，以及统计方法等无法说明各个消费者的行为等一系列问题，而且认为这一点特别重要。与其说雷利—康维斯的“零售引力定律”是万有引力定律的应用，不如说它是社会学发达的“人类相互作用”模型在零售业领域的应用。

批判雷利—康维斯定律的哈夫开发了能够说明各个消费者的购物场所

选择行为的模型。为此哈夫将心理学者所倡导的“个人选择公理”作为依据，由于个人选择公理是个人在几个代替方案中选择其一的行为随机规定的结果，考虑到购物场所的选择也是以随机行为作为前提的，所以个人选择公理可以表示为“某消费者选择目的地 j 的概率，等于目的地 j 对于该消费者的效用除以所有可能选择的目的地效用之和”。式（5－3）是将这个公理公式化后得到的结果。

$$\pi_{ij} = u_{ij} / \sum_{j=1}^{J} u_{ij} \tag{5-3}$$

其中，π_{ij} = 住在起点的消费者到目的地 j 的零售设施购物的概率；

u_{ij} = 对于住在起点 i 的消费者，目的地 j 的效用（$u_{ij}>0$）；

J = 可能选择的目的地的数量。

在这里把消费者的居住地叫作起点，零售设施的所在地叫作目的地，是因为他们成为各自的旅游购物的起点和目的地。今后起点和目的地只能在这层意义上使用。

虽然说式（5－3）是哈夫模型的基本假定，但它也只不过是个人选择公理的一种表达形式而已。除此之外哈夫还提出某种目的地的效用与该地点零售设施的规模成正比，与消费者到达该目的地所需要的旅行时间成反比。即：

$$U_{ij} = S_j \times T_{ij}^{-\lambda} \tag{5-4}$$

U_{ij} = 对于住在起点 i 的消费者，目的地 j 的效用（$U_{ij}>0$）

其中，S_j = 在目的地 j 的零售设施规模；

T_{ij} = 起点和目的地之间的旅行时间；

λ = 出行时间对于购物行为的影响参数。

将式（5－4）代入到式（5－3）后，可以得到哈夫所谓的“消费者空间行为的概念模型”，即一般我们所知的“哈夫模型”。

哈夫选择零售设施的规模和出行时间作为主要因素，不是单纯地对于万有引力定律的类推。对于消费者而言，在某个零售设施处能够得到希望的产品的期待越高，该设施的效用就越高，其期待主要是受该零售设施的备货幅度影响。哈夫实际上已经导入了规模作为备货幅度的替代变量，在这里没有必要根据通常的经营面积来测量规模，只要是与备货成比例关系的变量都可以。哈夫还考虑了由于消费者具有想要有效利用被限定的生活时间的欲求，所以存在关于购物所需时间的机会成本。但是由于无法直接测量机会成本，所以用出行时间来代替。只要能够直接测量购物所需时间的机会成本，将其导入模型中就能完全没问题。

式（5-4）虽然规定了每个消费者的购物场所选择概率，但是用它来预测零售设施的来店顾客数和销售额时就不太适合，因此要用以下方法。哈夫是假定起点 i 及附近的消费者的消费意愿全部相同，如果将起点 i 与其附近的消费者人口记作 N，则惠顾目的地 j 的消费者的数量（的期望值）就为：

$$E(N_{ij}) = N_i \pi_{ij} \tag{5-5}$$

如果把一定期间内的消费者人均支出额[2]作为 b 的话，起点 i 的消费者在目的地 j 的总支出额的期望值是：

$$E(V_{ij}) = E(N_{ij})\bar{B}_i = N_i \pi_{ij} \bar{B}_i$$

在目的地 j 的某零售设施的一定期间内销售总额的期望值可以通过合计所有起点的而得到，即：

$$E(V_j) = \sum_{i=1}^{I} E(V_{ij}) = \sum_{i=1}^{I} N_i \pi_{ij} \bar{B}_i \tag{5-6}$$

其中，V = 目的地 j 的某零售设施一定期间内的总销售额（$\sum_i V_{ij} = V_j$）；

I = 可能达到的起点（消费者居住地）数。

根据哈夫模型测量来店客户数和消费额的方法在理论上仍存在一定欠缺。假设上述在起点 i 的消费者人口关于 π_{ij} 是同质的，用式（5-6）计算出了来店顾客数，但实际上 N_{ij} 与去目的地 j 的来客顾客数是没有关系的。因为消费者不一定在几个目的中当中只选择一个，并总是去那里购物。消费者选择购物场所是在购物出行的时候，一个消费者在每次购物出行时可能也会选择不同的目的地。从零售设施一方来看，来店顾客数就是一定期间内出行至该处购物的消费者数，所以不考虑购物出行频率，用式（5-6）计算出来的 N_{ij} 值是与来店顾客数基本没有关系的数字，哈夫认为各个消费者经常惠顾某一个目的地，并把 π_{ij} 解释为在起点 i 处的目的地 j 的顾客市场占有率。因此哈夫模型在严格意义上来讲是不能计算来店顾客数的，还有就是在销售额的计算上不得不使用在起点 i 产生的总支出额乘以 π_{ij} 这种十分牵强的方法来求算。

如果确定 π_{ij} 是每次购物出行目的地选择概率的话，哈弗的来店顾客数、销售额预测方法的欠缺则就比较容易弥补。让我们将住在起点 i 的消费者的一定期间内平均购物出行频率记作 μ_i。这里，哈夫假定在相同起点

i 的消费者都具有相同的 π_{ij}值，那么去目的地的一定期间内购物出行数期望值是：

$$E(M_{ij}) = N_i \mu_i \pi_{ij}$$

不用说 M_{ij}就是从起点 i 到目的地 j 处零售设施的来店客数。出行目的地 j 的总来店客户数的期望值是：

$$E(M_j) = \sum_{i=1}^{I} E(M_{ij}) = \sum_{i=1}^{I} N_i \mu_i \pi_{ij}$$

将上式相比较后，会发现式子的形式不一样。由于前者是关于在某居住地产生的总交易额分配的结果，而后者是说明每个消费者的购物行为的模型，所以乍一看两者似乎完全不同，但是若关注哈夫模型关于两个目的地 i 和 j 的选择概率的比，可得：

$$\pi_{ij} \div \pi_{ij'} = S_j T_{ij}^{-\lambda} \div S_{j'} T_{ij'}^{-\lambda} \tag{5-7}$$

这样两式的相似点便会显露出来。式（5－7）的左边是交易额的比，在某个假定的基础上（即假定起点 i 的消费者关于 π_{ij}和 $\pi_{ij'}$是同质的）两个比具有几乎相同的意义。式（5－7）右边的零售设施的规模与出行时间各自对应的人口与距离，考虑到都市人口与该都市零售设施规模的相关度及距离与旅行时间的相关度比较高，即可知这两个式子中的解释原因极为类似。哈夫设想时间对购物行为的影响因购物出行种类和商品类型而不同，因此导入了这一新参数。据此，哈夫模型比雷利定律更加一般化，从实证角度亦可能提高模型与资料的拟合度，效果更好。

这样虽然哈夫模型与雷利定律有很多类似之处，但应注意到，哈夫自己并不一定认为自己的模型是雷利定律的扩展。他仍然批评雷利－康维斯导出的商圈节点公式对各目的地的消费额没有作用，而且使用及设定的两个以上的购物中心的商圈会使主势力圈重合，并且会产生无法被任何中心的商圈覆盖的领域。哈夫没有意识到自己的模型与雷利定律具有类似性。哈夫认为自己的模型由于可以以某个目的地为中心考虑其周围的竞争因素而作概率等高线（连接选择该目的地的概率相同的点所得的线），因此只要认识到雷利定律在实证角度模拟和度较高，而用其算出各目的地的销售额则非常可能。如果把引力模型看作为零售引力定律的现代型表现，那么哈夫模型也是零售引力定律的一个特定形式，仅仅称雷利的公式为零售引力定律是不合适的。

第三节 雷克斯马楠—汉森模型

雷克斯马楠和汉森试图将哈夫模型一般化，引入零售设施的魅力度与阻力这两个概念以取代规模与出行时间。魅力度的指标不仅可以是哈夫使用的商场面积，也可使用该零售设施的销售额与商业集聚（商业街与购物中心）中的商铺数量、品牌影响力等，此外阻力因素亦可使用出行时间与实测距离等几个测量尺度或客户不满意度等主观数值，进而表示为对购物行为的魅力度影响的函数：

$$U_{ij} = A_j^{\alpha} \times R_{ij}^{-\beta} \qquad (5-8)$$

其中 A 为目的地的魅力度，R 为起点与目的地间出行的阻力，α、β 分别为各自影响力的参数。由此可知，住在起点 i 的消费者选择目的地 j 的概率如下：

$$\pi_{ij} = A_j^{\alpha} R_{ij}^{-\beta} \div \sum_{j=1}^{J} A_j^{\alpha} R_{ij}^{-\beta} \qquad (5-9)$$

以上模型中，只有在卖场面积与销售额，出行时间与距离成比例关系时，与这些变量有关的参数值才能进行比较。但即使如此，参数的预测值也有很大的偏差。对其原因，戴维斯列举了关于各种地域的零售业的特殊条件与消费者的移动性的差别，特别是考虑到了由于零售设施的集计单位的差别（即为购物中心还是街边店等类型）会产生较大的不同。

第四节 山中均之模型

在日本，山中均之继续使用哈夫模型进行了实证研究，他在 1965 年对于福冈市的研究及 1971 ~ 1973 年对神户市、西宫市、福冈市进行的一系列研究。首先他把研究对象按照零售设施的类型分为 10 个类别，得到选购品品类（如服装、家具、家电）的值为 0. 8 ~ 1. 3；而在食品的情况下，1. 4 ~ 10. 1 的高值。山中均之根据这结果着眼于对购物行为的影响因商品类型而异这个可能性，导入了表示规模影响的参数 μ，并提出：

$$DP_{ij} = S_j^{\mu} \times T_{ij}^{-\lambda} \qquad (5-10)$$

这一“修正哈夫模型”与雷克斯马楠—汉森模型基本相同。

接下来山中把购物行为又分为城市间、城市内部，以及商业集聚三个层次，基于“出行时间与零售设施规模的影响在三个层面各自不同”这一假说，进行了对修正哈夫模型的验证，其结果归纳如下：

(1) 比较城市间的购物行为与城市内部的购物行为时，在城市内部测量的 λ（表示受出行时间影响的参数）与 μ（表示受规模影响的参数）可以发现，在城市间便利品性质商品类别的 λ 较高，μ 较低；选购品性质的商品类别则 λ 较低，μ 较高。

(2) 在商业项目较为集聚的内部空间中，行为 μ、λ 都比较低，这意味着解释在某一具体设施内部的购物行为时，仅用出行时间与规模是不够的，还需找出其他因素。

雷克斯马楠、汉森与山中均之进行的哈夫模型的扩展进一步开拓了商贸设施研究的一般化道路。在接下来的研究中，有学者跟随哈夫与巴克斯特对引力模型做出更一般的改造。如科特勒首先假定对住在起点 i 及其附近消费者的零售吸引力 DP_{ij} 和目的地 j 的魅力度 A_j 与起点 i 到目的地 j 的旅行阻力的倒数（R_{ij}^{-1}）的积成比例的关系，即：

$$DP_{ij} = \frac{A_j}{R_{ij}} \tag{5-11}$$

其中，DP_{ij} 为哈夫所说的对某一设施的效用，由于可以从下文与哈夫不同含义的效用概念导出引力模型，在此一般称其为零售吸引力。式（5－11）虽然等同于前面的描述，但为了进一步增加可靠性，需加上“居住在起点 i 的消费者选择目的地 j 的概率 π_{ij} 与目的地 j 的吸引力成正比”这一假设，由此很容易导出：

$$\pi_{ij} = \frac{DP_{ij}}{\sum_{j=1}^{J} DP_{ij}} = \frac{A_j/R_{ij}}{\sum_{j=1}^{J} A_j/R_{ij}} \tag{5-12}$$

其中 J 为可能达到的目的的总数，将由式（5－12）规定的模型称为“引力型（概率的）消费者空间行为模型”或者称为“引力模型”，从模型的发展过程及结构来看是很自然的。另外，在雷利模型中设 A_j 为城市人口，R_{ij} 为距离的二次方，同时在哈夫模型中设 A_j 为零售设施规模，R_{ij} 为出行时间的 λ 次方，可知两者皆为这个模型的特殊形式。

正是因为魅力度与阻力以一般形式被编入式（5－12）中规定的模型，

因此，可以假设 X_{Hij} 为某因素 X_h 的第（i，j）个值。在此没有必要特别指出 X_h 为魅力度因素还是阻力因素。一般可以将零售吸引力与其决定因素的关系表示如下：

$$DP_{ij} = f(X_{1ij}, X_{2ij}, \cdots, X_{Hij}) \tag{5-13}$$

问题是如何规定函数 f 最恰当。

假设科特勒线性的规定：

$$DP_{ij} = \sum_{h=1}^{H} \beta_h X_{hij} \tag{5-14}$$

按这种形式预测参数 $\beta_h (h=1, 2, \cdots, H)$ 则非常难。与此相对的是：

$$DP_{ij} = \prod_{h=1}^{H} X_{hij}^{\beta h} \tag{5-15}$$

$$DP_{ij} = \exp(\sum_{h=1}^{H} \beta_h X_{hij}) \tag{5-16}$$

式（5-15）被称做“MCI（积乘型竞合相互作用）模型”，哈夫模型与山中均之模型都属于这一类型；式（5-16）被称为“MNL 模型”，在经济学领域中迄今仍被广泛使用。

第五节 阿波巴姆模型

消费者（或者是顾客、用户）空间行为，是指消费者在购入其所需商品或服务时，考虑在哪家商贸设施作为自己的购物目的地的选择行为。购物目的地当然是其基于与各个消费者居住地的相对位置关系而进行选择的。因此，消费者空间行为的分析模型记述的是从消费者居住地向购物目的地（零售设施）的空间移动状况。除广泛应用的引力模型外，还有一些其他模型也经常会得到应用，包括阿波巴姆模型、鲍莫尔和艾德模型、麦凯微观模型、怀特和埃利斯网络模型，以及斯托弗介入机会模型。

阿波巴姆模型作为预测零售设施的来店顾客数量或销售额的方法，在实际业务中被广泛使用。这种方法乍看起来好像与消费者空间行为模型没有关系，实际上它的基础暗含了消费者的空间行为。阿波巴姆模型的目的是服务成熟设施，特别适合具有连锁（多店铺）组织的企业中，可以将以往积累的“计量经验”和人的主观判断结合起来，预测新设施的营业额。

这种方法采用的基本数据是定期抽取现有设施的销售样本，调查顾客是从周边哪个区域过来的，其具体是以各店铺为中心，在地图上画一定间隔的同心圆，并将样本中来店顾客的住址记入图中，这称为“顾客发现数据”。如前所述，阿波巴姆将各个距离带的样本数除以总样本数所得的比率称作该距离带的“吸引力”。调查各距离带的消费者（或者家庭）人数，消费者（家庭）平均每人的消费额可以用以下公式算出：

$$\begin{aligned}\text{距离 } k \text{ 的消费者每人定期的平均消费额} &= (\text{期间内总销售额}/\text{总样本数}) \\ &\quad \times (\text{距离 } k \text{ 的样本数}/\text{距离 } k \text{ 的消费者数})\end{aligned}$$

这样所得到的各个距离的吸引力和消费者人均定期消费额，在每个既存设施中的情况，并且与各店的选址特点和品牌性质一起记录下来，当需要开设新店时，从现有店铺的档案中选取那些距离消费者距离、竞争状态、选址等方面与计划中的选址点最相似的几家店铺（叫作类似店），用其吸引力和消费者人均定期销售额数值来预测新店铺的销售额。推测吸引力虽然能直接预测销售额，但更常用于比较每个距离选址的“行业吸引力”。

在这个模型中，起关键作用的是每个距离中消费者的人均消费额。如果距离 k 的消费者人均期间销售额 V 等于一定期间平均每次购物频率 $f\times$ 每次的消费金额 m；同时，V 又是距离 k 的函数，原因有两个：一是因为消费者的平均出行频率 f 是距离 L 的函数；二是因为每次购买额都会因距离改变而改变。由于阿波巴姆假设来店顾客的人均消费额与距离无关，所以每次购入额也与距离无关。因此，距离 k 设施的吸引力就等于距离 k 的来店人数/总来店人数，进而等于距离 k 中的销售额/期间总销售额；也就是说吸引力可以通过来店人数的比率来计算，也可以通过销售额的比率来计算。

如果每次购物出行的购入额与距离远近无关的话，消费者人均销售额 V 与距离的关系，则反映了购物出行频率和距离之间的关系。正是由于每个距离消费者的购物出行频率比较稳定，采用这个方法预测新店铺的销售才成为可能。

然而，阿波巴姆模型与引力模型不同，它显然没有直接反映竞争者的影响。因此，必须将与竞争条件、选址点特性等诸多条件类似的既存店铺作为类似参数考虑。当然，与新店铺完全相同条件的既存位置并不存在，所以选择不得不依赖分析者的主观经验判断。

像引力模型那样，如果直接在模型中引入竞争关系，同时对竞争设施的诸特性和参数具备充分了解，就能比较容易地预测新店铺的销售额，即“计量经验”由于汇集了模型参数的估计值，所以更具参考价值。阿波巴姆的方法被实务家广泛采用的理由是：其层次简明、容易理解，但如果一直依靠资深分析家的经验和灵感，企业积蓄的知识将很难传给新一代的分析者。另外，阿波巴姆模型中作为基本数据收集方法的来店顾客调查，具备调查成本更低廉、更迅速的优势。然而，模型中假设消费者每次消费的消费额是相对固定的这一假设可能并不成立，同时，假设消费额与到店铺距离没有关系的假设也存在巨大不确定性。随着大型城市的快速扩张，新兴商业设施集中于城市外围区域时，人们更多选择更远、更大、更新的商业设施，而每次消费的计划性并不强，消费额变动就会非常大，这种倾向的存在，将导致使用阿波巴姆的方法时，对近距离选址点的吸引力评价过大，对远距离选址点的吸引力评价过小。

第六节 鲍莫尔—艾德模型

作为消费者空间行为分析的经济学视角之一，鲍莫尔—艾德模型作为空间行为模型却是比较单一的，他们将零售设施的备货幅度（品目数）（T）与到零售店的距离（m）作为购物行为的决定因素，消费者对其居住地的距离为 m，备货幅度为 T 的零售设施所感知到的净效益进行以下定义：

$$f(T, m) = eP(T) - \ell(mt + c_n\sqrt{T} + c_i) \tag{5-17}$$

其中，f = 净效益函数；

$P(T)$ = 品种数为 T 的零售设施中，消费者购物旅行成功概率；

t = 1 英里的交通费；

c_n = 因零售设施规模混杂而产生购物困难的费用；

c_i = 购物行为的机会费用；

e，ℓ = 主观加重函数（e，$\ell > 0$；$e + \ell = 1$）。

$ep(T)$ 表示的是去那个零售设施购物的有利条件，另外 $\ell(mt + c_n\sqrt{T} +$

c_i）表示对购物出行伴随费用的主观性评价。当然消费者 $f(T, m)$ 不为正值时，旅行者将不会在该零售设施购物。因此某零售设施吸引购物的最大距离是 $f(T, m)$ 其等于 0，求解后得到 m：

$$m_{\max} = r = \frac{1}{\ell t}[ep(T) - \ell(c_n\sqrt{T} + c_i)] \quad (5-18)$$

如果距离零售设施 m 处的消费者在此设施购物的概率与 $f(T, m)$ 成正比，消费者以密度 S 呈均匀分布，那么该零售设施的总顾客数的期望值是：

$$D = S\int_0^{2\pi}\left\{\int_0^r kf(T, m)m\mathrm{d}m\right\}\mathrm{d}\theta = \frac{k}{3}\ell t\pi Sr^3 \quad (5-19)$$

其中 r 为最大的距离，k 为比例常数。因为以零售设施为中心，半径为 r 的圆周内的人口数为 πSr^2，因此人口中的顾客比率为 $\frac{k}{3}\ell tr$。净效率函数的一个特征是将品目数 T 作为效应和费用两方面的因素。$f(T, m)$ 的值和 D 的值随着 T 的增加而一直增加到某点，$P(T)$ 的上限为 1，而 $\sqrt{T}$ 是无限增加的，所以当 $f(T, m)$、D 超过某点开始减少，不久便成为负值。使 D 极大化所形成的 T 可以通过规定 $P(T)$ 的函数而容易求得。

鲍莫尔和艾德的模型在指出购物者空间行为和备货幅度 T 关系上具有重要的意义，同时也对哈夫模型的开发产生影响。但是作为空间行为模型还具有以下的几点问题。第一点，在效用函数 $f(T, m)$ 中，距离 m 和品目数 T 的处理方法很随意，特别是假设随着 T 增加购物难度增加，而关于这点的实证数据支持好像还没有。第二点，在鲍莫尔—艾德公式中，竞争条件只是采用相当一般的形式。据零售设施 m 处的消费者在这个设施以外场所的购物概率 $1 - kf(T, m)$（k 为比例常数），这是表示其他竞争设施的影响。因此，现实中在规定具体竞争设施的位置关系的情况下，总顾客数如何变化是无法预测的，鲍莫尔—艾德模型在面临现实的购物行为是不能够使用的。

第七节　麦凯微观模型

如果说鲍莫尔—艾德模型的方法相当抽象，那么与此相反，采用极具实证性研究的是麦凯微观模型。麦凯着眼于单个消费者，并不是为了所需的各个商品类型，分别进行购物出行的，而是针对一次购物中购买商品的情况，因此他开发了以说明购入商品类型的微观模型。具体是将购物出行按有无目的、顺便购物次数（停站数）以及各次停站的种类作为因变量；将消费者的家庭特征、对店铺的态度以及购物特征（时机、交通工具、有无同伴、距离、店铺等）作为解释变量进行判别分析，它们的模型用公式表示如下：

$$E=f(H, A, S) \tag{5-20}$$

其中，E = 与购物类型相关的因变量（取 0 或 1 的值）；

H = 家庭特性；

A = 消费者对店铺的态度；

S = 购物旅行的特性。

麦凯模拟消费者的决策，将销售某一类型商品的店铺作为停运站设施，看消费者会选择哪一家特定的店铺。麦凯的研究是在伊克诺伊的小型社区（人口约 12 000 人）中进行的集中研究。在购物过程中，以停站点（包含去超市）及停站点数是 4 或低于 4 的情况作为分析对象。作为解释变量，使用的是出行特征数据，包括家庭人数、驾车、年龄、受教育程度、雇佣状况、收入等家庭特征数据；另外还要多属性的态度模型的消费者态度评分，以及各购物旅行的交通方式，有无同伴，从家到各个店铺的距离，最后购物点的距离，上次去过的店铺及时期等出行特征数据，所使用的分析模型多达 16 个，大致可分为以下几类。

（1）关于一周的每一天，是否在那天出行购物的判别式 7 个。

（2）某天外出购物时，判别其出行中的站点数的判别式 1 个。

（3）去哪个超市的判别式 1 个。

（4）在停站数为 2、3、4 的出行中，各停站点是否含超市的判别式 3 个。

（5）从第 1 个到第 4 个各停站点目的地的判别式 4 个。

这 16 个判别式是根据他们各自的逐步判别分析项目处理的，仅仅接受在 0.05 以上有意义的变量。16 个判别式中除了两个以外，其他都得到统计上显著的结果，特别是在解释变量中，到最后一站的距离和在最后一站顺路去的店铺种类的显著性很高。从这个结果上看，麦凯得出购物者空间行为不是一站模型而是多站模型的总结论是具有说服性的。在研究关于特定商铺选择的消费者决策方式时，与实际数据相比较的结果是：在假设当消费者从各站分别向下一站移动时会进行判别分析，从而对特定的商铺进行选择的情况下，其拟合度最高。

麦凯研究的重要性在于确定了在包含几个停站点的购物过程中，对于消费者选择下一站停站点及特定项目时，之前的停站模式具有重要的影响。如：与到自己家的距离相比，前一站的距离或在那里购入的商品种类作为解释变量显得更加重要，采取将一次购物旅行中的停站点模型作为逐步的决策过程，同时将单一的站点购物模型转化为多站点购物模型是值得肯定的。但是，麦凯的16个判别式分别独立，即假定各个判定函数的因变量采用的事件是相互独立的，为了得到有关这些事件的交集的概率，要求计算事件概率的积。然而，按麦凯的分类规定判别式时，这类判别式的独立假设不可能认定为是正当的。假如根据麦凯的研究，其消费者某日去超市A购物的概率是以下式加起来计算的：当日购物出行概率 $\times \sum_{k=1}^{4}\left(\begin{matrix}\text{停}k\text{次}\\ \text{站的概率}\end{matrix} \times \begin{matrix}\text{在第}k\text{站}\\ \text{顺便到超市}A\text{的概率}\end{matrix}\right)$，实际上在 k 站去超市 A 与在 $k-1$ 站去超市 A 的假设显然并不独立，消费者在第 $k-1$ 站顺便去超市 A 的情况下，顺便去 k 站的概率应该是减小的。然而麦凯的公式表示，即使4次都到同一个店铺，第二次顺便去那家店铺的概率也没有改变。考虑到这一点，虽然也可能在第 $k-1$ 站按照顺便到哪家商铺分别规定选择概率，再分别使用于判别式，但是如此一来，判别式的数量将会变得非常多，而且分析起来非常麻烦。因此麦凯在判别式中将在前站顺便到哪里作为解释变量代入进来，然而这只是权宜之计，并不能使判别事件的独立假设得以正当化。

麦凯的研究存在的另一个问题是对消费者的不同购物行为模式的处理问题。麦凯虽然指责其他聚合度较高的模型不承认个人差别的问题，并强调用微观层面分析的必要性，但实际上是认为在判别式的解释变量中导入消费者的特征和态度即可处理人口异质性，但现实却是即便两个消费者的特征态度都相同，由于各自的居住地不同，与零售设施的相对位置关系不同，那么购物行为模型也就不同。麦凯的判别分析是利用从多数居住地不同的消费者所得数据进行的，然后去达到大致相同的显著性水平，因为从面板数据得到各个相关消费者相当多的购物旅行数据，进而由于个人消费者的购物旅行之间的整合度而使显著性水平的提高。根据模型，消费者不一定都是去离家最近的商品设施购物，而是根据各目的地的比例分配购物消费。只要在城市间，商业集聚及商业集聚内部的各个层面上算出其组合内特定商品的选择概率，那么对含有多数停站点的购物过程也难以进行精准度非常高的预测。

第八节　怀特—埃利斯模型

怀特—埃利斯网络模型是把消费者空间行为看作消费者居住地（起点）和零售设施（目的地）之间交通网络的“流动”，一个是起点，其余是目的地。如果用电路比喻，连接这些点之间的连线，假设有 3 个点（1，2）、（1，3）、（2，3）就相当于电线，把它们当作从起点处发生的购买力（零售水平购入额）向目的地移动，进而成为那个目的地零售设施的销售额。由点 1 流入的购买力是在点 2 流出还在点 3 流出，当然是由连线（1，2）、（1，3）、（2，3）中的某种购买力的流动来决定的。

根据基尔霍夫的电流定律，集中一点的支线流量值总和（支线从点出发时记为 +，进入此点时记为 -）为“0”。电压定律是“加在各支线上的压力与两端的势能差相等”。将两个定律相加，连线的流和压之间的关系：

$$y_{ij} = x_{ij}/R_{ij} \tag{5-21}$$

其中，y_{ij} = 在支线（I，j）上的流动的购买力；

x_{ij} = 加在支线（i，j）上的压力；

R_{ij} = 支线（i，j）的阻力。

如果假设上述关系，就有可能计算出各支线的流。将各点的势能用 P_i 表示，向各点流入（或者流出）的流量用 Y_i（流入为 -，流出为 +）表示。这个矩阵表示点与直线的关系，各列用点表示，各行用支线表示，如果支线（i，j）的移动方向为从 i 到 j 的时候，在那行的第 i 列填入 1，第 j 列填入 -1，其他行列要素全部都要填0。如果用关联矩阵，将霍夫电流与电压定律可以写为以下形式：

$$Dy = -Y \tag{5-22}$$

$$P'D = x' \tag{5-23}$$

其中，D = 关联矩阵（$m \times n$）；

y = 支线流向的流量（y_{12}，y_{13}，…，$y_{(m-1)m}$）；

Y = 流入的向量（Y_1，Y_2，…，Y_m）；

P = 点势能的向量（P_1，P_2，…，P_m）；

x = 支线压的向量（x_{12}，x_{13}，…，$x_{(m-10)m}$）。

将式（5－22）、式（5－23）两式相加，再将 $y_{ij}=x_{ij}R_{ij}^{-1}$用矩阵表示为：

$$y = xR^{-1} \tag{5-24}$$

其中，R 为把支线的阻力值（R_{12}，R_{13}，…，$R_{(m-1)m}$）用主对角线隔开的对角矩阵。将式（5－22）～式（5－23）组合后即得到节点方程式：

$$(DR^{-1}D')P = -Y \tag{5-25}$$

这个方程式具有下列重要意义：关联矩阵 D、阻力矩阵 R 和点流入（出）量 Y 被定义时，计算点势能 P 是可能的。如果 P 被求算出来，那么依据式（5－23）可以计算出支线的流量，甚至依据式（5－25）也可以计算。相反，如果知道 D、P、R 及起点的流入量，就能够计算目的地的流出量。这对预测零售设施销售额的意义显而易见。

怀特—埃利斯于 1996 年在加拿大蒙特利尔周围的基奇纳和滑铁卢两个城市进行了网络模型的实证研究，由包含 30 个人口集中地（起点）和 24 个超市（目的地）构成，并从交通网的分析确定了 86 条支线，研究了从起点向网络流入的购买力和目的地的销售额（网络流出量），测定各自目的地的点势能判别其决定因素。怀特和埃利斯分析出目的地的势能是由当地零售设施的诸特征（规模，地点，特征，收银台数等）来决定的。先将流入各起点的购买力做以下推测：

$$Y_i = 52 \times \begin{matrix}\text{起点 } i \text{ 的}\\ \text{消费者人口}\end{matrix} \times \begin{matrix}\text{每人每周}\\ \text{食品支出额（推定）}\end{matrix}$$

各支线的阻力 R_{ij}与该支线长度成比例，各超市的销售额使用实际值。用这些数值，从节点方程式（5－25）可以计算出各点势能。此后怀特和埃利斯并不按照原样使用各目的地的势能，而是从势能计算出各支线的市场压，并计算出加在各超市上的市场压，用这个市场压去除该店铺的销售额，把得到的值定义为那家店铺的魅力值，并进一步用被测定的魅力（实际是倒数）作为因变量进行回归分析，得到以下结果：

$$\begin{aligned}1/A_j = &-90.6 + 1.37\times10^5(1/X_1) + 3.80(1/X_2)\\ &+84.5X_3 + 295(1/X_4) + 1.13X_5\end{aligned} \tag{5-26}$$

其中，A_j = 目的地 j 的魅力；

X_1 = 卖场面积；

X_2 = 收银台数；

X_3 = 相对价格（特定 22 个品目的最低价格合计）；

X_4 = 为特卖而来的顾客（参考其他调查）；

X_5 = 选址点的性质（中心地、购物中心、单独等）。

使用这个回归式计算目的的魅力预测值，将推测的各超市的销售额和实际销售额进行比较时，除了两三处例外，其余百分数的误差范围为正负 25%，其平均绝对值约为 12%，这个值显示了相当高的拟合度。

网络模型作为消费者空间行为的分析模型具有以下几个优势。其中之一即是关于从“无关目的地独立”假设的问题点。某企业将两个完全相同的同类型的店开在相隔一定距离内的道路沿线，除两店居中居住的消费者外，对于此路居住的其他消费者来说，只有一个店成为选择对象，而另一个店不能成为选项。这是因为两家店都是完全相同类型的，消费者只要去较近的店就可以满足需求。如果零售设施的势能假设由备货范围、内外装修、顾客服务等的参数组成，那么两个同类型的店必然具有相同的势能。由于连接两个店势能相同点的支线压为零，那么按照网络模型的假设式（5－22），这个支线流必定为零，也就是说，对于两家商店是不可能存在越过其中一家去另一家店铺消费的消费者。

根据网络模型进行消费者空间行为分析，所遇到最大瓶颈是网络的构建。像怀特和埃利斯那样，就连将比较小的地域作为对象，都形成了包括 30 个起点、24 个目的地的网络，64×86 的巨大关联矩阵。而作为现实问题，能够利用网络模型的对象地域却很少，而且对少数起点和目的地之间的交通网作了具体规定，能够测量各支线阻力的情况有限。像日本的消费者利用徒步、自行车、公共交通、自家用车等多种交通手段的情况下，网络的规定就变得更加复杂。因此，分析城市间购物行为的广域空间行为也是不适用的。使用网络模型的另一个问题是与支线阻力的规定有关。怀特和埃利斯只是考虑到阻力和各支线的长度成比例，但是在引力模型研究已经揭示了支线的阻力是随商品的不同而不同的。像引力模型那样，将阻力变为支线长度 λ 次方，如果能实证测量这个参数当然最好，但是规定 λ 才能从节点方程式计算出点的势能。从统计学来看，不存在推测 λ 的自由度。如果流入各支线的流量可以独立推测出来，推导 λ 也就成了可能。而实际上只能从流向各点的流入量（或流出量）的数据。λ 值除了最后随意而定以外，别无他法，而这一点正是网络模型的缺点。

第九节 斯托弗—中岛模型

斯托弗—中岛模型是斯托弗在研究关于城市之间或城市内人口移动因素时开发的模型，这个模型以记述人口的时间序列移动为目的，尽管这一模型的初衷并非以记述消费者空间行为为目的，但在日本和国际上，也常将其作为零售吸引力模型被应用在实际工作中，因此对其特点加以概括非常具有必要性。

首先，消费者进行购物时，会考虑在各自的目的地“购物机会”的大小。这里所谓购物机会是在目的地达到购物目的（想要买到的商品）的可能性。在操作上，是融合了其目的所在的商店数量，以及与这些商店所能提供的商品备货（与实际存在的备货相比，有消费者预想的备货）的复合概念。其次，当几个购物目的地作为备选时，消费者一方面想让购物行为成功，所以会考虑去购物机会较大的目的地，而另一方面却想尽可能使自己以更便捷、更低成本、更高效的方式完成购物。假设这个有 m 个购物目的地，将这些目的地按消费者的购物成本（一般直接用距离远近表示）顺序排列（j_1，j_2，j_3，…，j_k，…，j_m），其中 j_k 是近处开始数的第 k 个目的地编号，把 a_{jk} 作为在目的地 j_k 的购物机会，π_{jk} 作为消费者去 j_k 购物的概率，斯托弗认为 π_{jk} 和 a_{jk} 之间呈现以下关系：

$$\pi_{jk} = a_{jk} \div \sum_{h=1}^{k-1} a_{jh} \qquad (5-27)$$

式（5－27）用语言可描述为“消费者在目的地 j_k 的购物概率与该地点的购物机会成正比，与起点到其目的地之间的机会成本总和成反比”。式（5－27）也符合我们凭直觉感受到的规律，即便如何给购物机会进行操作性定义这样相当复杂的问题如果研究者采用式（5－27）的也不是不可思议的。

斯托弗将式（5－27）变成连续形：

$$\pi(s) = \theta a(s)/A(s) \qquad (5-28)$$

其中，$\pi(s)$ = 消费者在距离起点距离 s 的圆周上购物的概率密度；

$a(s)$ = 在距离起点距离为 s 的圆周上的零售设施所提供的购物机会密度；

$A(s)$ = 在距离起点半径为 s 的圆内的零售设施所提供的购物机会的总和 = $\int_0^s a(u)\mathrm{d}u$;

a = 环境参数。

另外，如果将式用 s 积分得到:

$$\prod(s) = a\log A(s) \tag{5-29}$$

其中，$\prod(s)$ = 消费者从起点到半径为 s 的圆周内购物目的地的购物概率 = $\int_0^s \pi(s)\mathrm{d}s$;

c = 环境参数的积分常数。

因此，在特定化环境参数的积分常数 C 中，先假设消费者只移动最小限度 S_L 的距离。即

$$\pi(s) = 0(0 < s < s_l)$$
$$\pi(s_l) = \theta a(s_l)/\gamma \tag{5-30}$$

其中，$\gamma = \log A(s_l)$。

$$\prod(s_l) = 0$$

所以 $C = -\theta\log\gamma$

将这个 C 值代入上式中得出:

$$\prod(s) = a[\log A(s) - \log\gamma] \tag{5-31}$$

更进一步说，S_u 为消费者购物出行距离的上限。当然，必须要满足条件:

$$\prod(s_u) = 1 \tag{5-32}$$

作为消费者空间行为的记述模型，介入机会模型有几个优点。一是消费者选择购物目的地时，选择某目的地的概率是那个目的地零售设施提供的购物机会的增函数，在到目的地之前是购物机会的减函数，这样的假设与现实中我们对消费者的行为直觉是一致的。特别是与到购物目的地的物理距离相比，着眼于目的地间距离顺序是极其重要的贡献。然而，斯托弗-中岛型的介入机会模型，无论是从理论还是实证上都存在相当复杂的问题。首先斯托弗与中岛的基本假设就存在一定的逻辑矛盾。消费者购物出行之际，在出发前选择购物去向地是很普遍的。那时，选择以起点为圆心，到半径为 s 的圆周上的零售设施概率 $\pi(s)$ 与到达那之前所经过的零

售设施提供的购物机会总和即［$A(s)$］成反比，这个假设虽然看起来很自然，但实际却并非如此。用斯托弗模型，在消费者没有选择以起点为中心、半径为 s 的圆周内的购物地目的地时，在半径为 s 的圆周上的零售设施购物条件附加概率密度（以下简称为“残存密度”）为：

$$\frac{\pi(s)}{1-\prod(s)}=\frac{\theta a(s)}{A(s)[1-\theta\log A(s)/\gamma]} \tag{5-33}$$

式（5－33）右边是 $A(s)$ 的函数，反映了按照残存密度的定义，在起点已经无视了半径为 s 的圆周内的购物机会等于介入机会而通过的消费者，是利用半径为 s 的圆周上的零售设施，还是去稍远地方的零售设施的选择。如果用其他表现，在斯托弗－中岛模型中，假设了在半径为 s 的圆周上的消费者，是在那点上购物还是经过零售设施后再返回购物的情形，这个假设尽管对某种选购行为有效（这正是我们用来对商业街内部或综合体内部的购物消费者动线流动方向和模式进行说明的有效模型），但作为在起点上选择购物目的地的消费者决策过程的模型却并不合适。

对于斯托弗—中岛模型逻辑上的欠缺，威尔逊（Wilson，1967）对介入机会模型中进行了修改，威尔逊模型对残存密度规定：

$$\frac{\pi(s)}{1-\prod(s)}=\beta a(s) \tag{5-34}$$

即残存密度是指单纯在其圆周上的零售设施所能提供的购物机会比例。将式两边对 s 做积分后得到：

$$\log(1-\prod(s))=-\beta A(s)+C \tag{5-35}$$

其中，C 为积分的常数，且

$$A(s)=\int_0^s a(u)\mathrm{d}u \tag{5-36}$$

当 $s=0$ 时，$\prod(s)$ 和 $A(s)$ 无论哪个为 0，C 必须为 0。所以进一步推导出：

$$\prod(s)=1-\exp(-\beta A(s)) \tag{5-37}$$

另外，

$$\prod(s)=\beta a(s)/\exp[\beta A(s)] \tag{5-38}$$

将修改前后的两个式子做比较，其差异化并不显著，除了分母是 $A(s)$ 外，还有其指数函数的不同，而且两者看起来无太大差别。然而，如上所述，残存密度却因此完全不同，若要判断哪个模型作为消费者空间行为的记述模型更为合适，只凭 $\prod(s)$ 的形式是无法判断的。

最后要指出介入机会模型的一个共同问题，当计算介入机会模型的特定购物目的地的选择概率时，在距起点几乎同等距离（成本）的两个以上的目的地之间，尽管能够算出在其中的一个购物的具体概率，但不能算出在各个目的地购物的概率，在这个模型中虽然提供了在离起点距离为 s 的圆周上的购物概率（密度），但却没有确定在其圆周上的哪个点上经常购物的机制。如果与起点方向无关，购物机会同样分布的话，那么选择特定地点的概率密度也会被单一性的假设为与那个地点的购物机会密度成正比，而实际上购物机会绝对不是都相同，因为选择某地的概率密度与起点到那里的购物机会是不可能无关的，因此从起点到目的地的方向变得重要起来。关于这点，斯托弗也注意到了，所以提出当计算向某特定地点的入口移动概率时，画出连接其地点与起点的直线作为半径的圆，把在圆内存在机会的总和看作为介入机会。但是这个方法不仅背离了购物目的地只按距离顺序排列的介入机会模型的原型，而且形变后变得极其复杂，不能轻易推导出像上述算式一样的关于累积概率的公式。这个修正模型即便对于去特定地点的购物概率的测量有效，也放弃了介入机会模型原来的优势。

综上所述，商贸设施领域的竞争是终端渠道间的竞争，是设施在地理空间上相互争夺商圈资源的空间竞争，也是各自商业空间争夺共同潜在消费者的竞争。随着城市商业的不断繁荣，各设施的地理空间不断被挤压，尤其是电子商务的兴起，7×24 小时随时随地购物已经普及，商贸设施的竞争已经从有形竞争转变为无形竞争，竞争的内涵也从固定模式向移动模式转型。虽然传统意义上商贸设施的竞争仍受到设施本身选址、定位、空间结构的巨大影响，但随着电子商务消费模式的不变发展，在进行商贸设施的投资、选址、定位、规划过程中务必要更加重视与线上市场的融合发展，尤其是对线上平台大数据的分析与应用是未来商贸设施投资规划与分析的重要趋势。

参考文献

[1] 吴敬琏．中国流通业缺陷与出路 [J]. 商业时代，2003 (1)：46-47.

[2] 冯晖，刘浩．中国商业地产运营 [M]. 暨南大学出版社，2004.

[3] 赵德海，刘威．商业地产开发中的错位及对策研究 [J]. 财贸经济，2005 (10).

[4] 陆向兰．区域基础设施建设对商贸流通业发展的影响研究 [J]. 商业经济研究，2017 (21).

[5] 钟声宏．珠江三角洲区域经济发展中的商业规划研究——区域经济研究系列·商业规划篇 [C]//珠江三角洲经济发展与流通现代化研讨会，2005.

[6] 高波，赵奉军．中国商业地产业发展的实证分析 [J]. 产业经济研究，2009 (4).

[7] 周一星，孟延春．中国大城市的郊区化趋势 [J]. 城市规划学刊，1998 (3).

[8] 刘健．基于区域整体的郊区发展：巴黎的区域实践对北京的启示 [M]. 东南大学出版社，2004.

[9] 丁俊发．中国流通业的变革与发展 [J]. 中国流通经济编辑部，2011，25 (6).

[10] 马龙龙．中国流通改革：批发业衰落与崛起 [M]. 中国人民大学出版社，2009.

[11] 黄海．中国流通领域对外开放的回顾与思考 [J]. 中国物流与采购，1996 (9).

[12] 晁钢令．对中国商品流通体制重大变革的评价与思考 [J]. 上海商业，2009 (5).

[13] 万典武．商品流通体制改革的回顾和思考 [J]. 经济理论与经

济管理，1991 (3).

［14］向欣．电子商务与流通革命［D]. 中国社会科学院研究生院，2000.

［15］李国林．论大型商贸设施——Shopping Mall 的开发与管理［J]. 商场现代化，2006 (23).

［16］李丽萍．《美国大城市地区最新增长模式》［J]. 国际城市规划，1997 (2).

［17］杨贵庆．未来50年影响美国大城市发展的十大因素及其思考——读 Robert Fishman《世纪转折点的美国大城市》有感［J]. 城市规划学刊，2006 (5).

［18］朱凯，隆垚，王嘉．当下中国需要怎样的城市——再读《美国大城市的死与生》有感［J]. 城市地理，2016 (20).

［19］洪世键．大都市区治理：理论演进与运作模式［M]. 东南大学出版社，2009.

［20］大连万达商业地产股份有限公司．商业地产运营管理［M]. 清华大学出版社，2013.

［21］大连万达商业地产股份有限公司．商业地产投资建设［M]. 清华大学出版社，2014.

［22］赢盛中国商业地产研究中心．万达如何做商业地产［M]. 中国建筑工业出版社，2013.

［23］夏春玉．论城市商业规划与商业经营［J]. 中国流通经济，2002，16 (4).

［24］马璇，林辰辉．消费时代城市商业规划的探索与实践［J]. 城市规划学刊，2012 (s1).

［25］匡晓明，陈君．电子商务背景下的城市商业规划转型策略研究［C]//新常态：传承与变革——2015 中国城市规划年会论文集（2006 城市设计与详细规划). 2015.

［26］顾馥保．商业建筑设计［M]. 中国建筑工业出版社，2003.

［27］纪敏．GIS 在商业规划和分析中的应用研究［J]. 商场现代化，2007 (25).

［28］赵萍．零售理论研究危机的分析［J]. 财贸经济，2005 (10)：60－63.

[29] 朱玮，王德．商业空间消费者行为模型研究综述［J］．地理科学进展，2010，29（12）．

[30] 柴彦威，王茂军．日本消费者行为地理学研究进展［J］．地理学报，2004（s1）．